MIREYA NASSER
TU VIDA EN BALANCE

¡Atrévete!
10 CLAVES PARA TRANSFORMAR TU VIDA

© Mireya Nasser

Mireya Nasser
Coach en salud integral y crecimiento personal.
Tegucigalpa, Honduras
www.mireyanasser.com

DEDICATORIA

Este libro es para todas esas personas que se sienten un poco perdidas, estancadas y frustradas; para todas esas personas que saben que tienen más de sí mismas para dar y más por descubrir en todos los aspectos de sus vidas; también es para esas personas que tienen algo dentro que quiere salir y expresarse más y mejor.

Si tu vida no es una aventura maravillosa, es tiempo de que hagas cambios.

La vida es *una*. Estamos aquí para vivirla con amor, propósito y alegría.

Por eso, solo quiero decirte: ¡Atrévete!

Mireya Nasser.

CONTENIDO

Introducción
El balance 1

Capítulo 1
Consciencia: reconoce y despierta 7

Capítulo 2
Nutrición: ¿estás haciendo dieta o estás nutriendo tu cuerpo? 13

Capítulo 3
Vocación: ¿estás disfrutando lo que haces? 25

Capítulo 4
Confianza en ti mismo: la base para tu libertad 35

Capítulo 5
Espiritualidad: ¿conectado o desconectado? 43

Capítulo 6
Relaciones: ¿te dan vida o te la consumen? 49

Capítulo 7
Educación: nunca dejes de crecer 57

Capítulo 8
Creatividad: que la imaginación potencie tu vida 62

Capítulo 9
Actividad física: ¿disfrutar o sufrir? 71

Capítulo 10
Finanzas: toma el control 83

Conclusión
Es tiempo de tomar acción 89

INTRODUCCIÓN:
EL BALANCE

Desde mi infancia como una niña revoltosa hasta mi adultez como una madre insegura e infeliz pasaron muchas cosas, pero el momento más importante de mi vida llegó después de eso, el día en que tomé consciencia de que *yo quería más*.

Gracias al *coaching* y al mundo del crecimiento personal, descubrí que había mucho más para mí. Descubrí que podía tener el control completo de mi vida.

Claro, el cambio no llegó de un día para el otro, sino que fue un largo proceso de toma de consciencia en el que tuve que identificar y aprender a liderar sobre diez áreas esenciales de mi vida: *consciencia, nutrición, vocación, confianza en ti mismo, espiritualidad, relaciones, educación, creatividad, actividad física y finanzas*.

A partir del trabajo que hice en estos aspectos, logré llegar a ser la persona completa, entusiasmada y feliz que soy hoy.

Tu vida también puede ser una aventura maravillosa. Tú también puedes gozar, amar, sentir, crear y ser tú mismo.

He escrito este libro para que te enamores de tu vida. Quiero que te encuentres y te descubras en él.

Mi camino empezó con un vacío. A partir de una sensación de inconformidad, mi vida había dejado de ser mágica. De chiquita siempre había sido soñadora, me encantaba perderme en mi imaginación.

A medida que vamos creciendo, nuestro entorno nos va quitando muchas de nuestras habilidades de soñar y ser libres. Usar nuestra imaginación se vuelve algo innecesario, una fantasía, algo que no sirve. Nos dicen que tenemos que aterrizar y vivir en la "realidad".

Poco a poco, dejamos de soñar y empezamos a ver cómo funciona el mundo. Empezamos a actuar en función de nuestra programación. Nuestra programación viene de nuestro entorno, de nuestros ancestros y de todo lo que vivimos, vimos y escuchamos durante los primeros siete años de vida. A partir de ello, nos decimos a nosotros mismos: "Así es la vida". Eso nos lleva a tener vidas que realmente no llenan nuestro espíritu. Desde chiquitos, nos dicen que tenemos que ser de cierta manera y vivir de cierta manera, y nosotros pensamos que no tenemos libertad de escoger. Entonces, crecemos haciendo lo que los demás nos dijeron que hiciéramos y llegamos a ser personas que no son realmente felices. Siempre hay algo que está fuera de balance. Muchos aceptan ciertas cosas de sus vidas como algo que es definitivo y que no se puede cambiar.

La realidad es que podemos cambiar muchas cosas de nuestras vidas. Nosotros tenemos el control. Para llegar a la felicidad y el balance, tenemos que ir hacia nuestro interior.

Si no estamos felices, en realidad no estamos saludables.

Me di cuenta de todo esto cuando empecé a estudiar Salud Integral, y vi las diferentes áreas de nuestra vida en las que esta se puede aplicar. La salud no solo es alimentación; es estar en completa armonía con nuestro ser: es estar bien espiritual, física y mentalmente. Para llegar a tener esta salud, tenemos que encontrar el balance en diferentes áreas de nuestra vida.

De eso se trata la salud *holística* o *integral*. Consiste en considerar el bienestar de tu mente, cuerpo y espíritu. No debemos verlos como entidades separadas, sino unidas y necesarias para alcanzar un estado óptimo de salud. Teniendo en cuenta que debes cuidar tu salud para vivir una vida feliz y larga, cuidar todo tu ser te ofrecerá un bienestar completo. Adoptar este tipo de enfoque de la salud puede enseñarte muchas lecciones valiosas, que te ayudarán en cada etapa de la vida. Tenemos claro que el cuerpo hay que cuidarlo porque es nuestra casa; vivimos en él. No solo queremos prevenir la enfermedad, sino que también queremos sentirnos y lucir bien.

Ahora, hablemos de la mente.

Cuando nos sentimos en paz, también podemos pensar con mayor lucidez acerca de nuestra vida y lo que queremos perseguir en el gran esquema de las cosas. Además, ¿a quién no le encanta sentirse emocionalmente en paz? No es fácil de lograr; pero, una vez que lo hagas, será diferente a cualquier otro sentimiento.

Nunca vamos a estar 100% satisfechos con cada una de las áreas, pero de eso se trata: de estar constantemente mejorando, evolucionando, cambiando, descubriendo y creando el balance.

La vida no es perfecta, pero siempre hay una razón para sonreír y ser feliz por algo. Aprender a controlar nuestra mente para no pensar en el pasado puede permitirnos pensar en el futuro de manera positiva. Al pensar en el aquí y ahora, en lugar de en lo que podría haber sido, descubrimos la maravillosa vida que tenemos, o cómo mejorarla para finalmente lograr todo lo que siempre hemos querido.

Cuando me di cuenta de que la salud constaba de diferentes áreas, me quedé en shock. Nunca había pensado en mi vida de esa manera. Nunca reflexioné acerca de cómo llegar a la felicidad y el bienestar; no le había prestado atención. Simplemente, estaba viviendo mi vida en piloto automático, dejando que las circunstancias dictaran cuál era el próximo paso a seguir. Ir a la escuela, graduarte, ir a la universidad, conseguir trabajo, casarte, tener hijos, ser abuela... En mi mente, eso era la vida, y no había más.

Pensaba que la felicidad dependía de quién estabas predestinado a ser, lo que te había tocado vivir y ya. No tenía ninguna noción acerca de la existencia de este otro mundo de bienestar. Ser consciente de que hay tantas áreas de tu vida que necesitan atención para tener bienestar de verdad fue un cambio grande en mi vida. Voy a compartir contigo las áreas principales que me llevaron al cambio radical, a la transformación.

Te puedo decir que he pasado por una transformación porque, desde que me inicié en este proceso, el cambio ha sido completo.

Parte de mi curiosidad viene del hecho de que, cuando era pequeña, siempre me gustaba saber más. No me considero alguien conformista. Nunca fui una persona a la que le gustara seguir las reglas; era rebelde a mi manera, pero siempre tenía ese lado tímido cuando estaba con personas mayores y personas desconocidas. Mi mamá me decía "uñas escondidas"; como los gatos, tenía garras, pero no las mostraba sino hasta el momento en que pretendía usarlas. Fui la que más dolores de cabeza les dio a mis padres, según ellos.

No me gustaba portarme bien ni hacer lo que era normal o deseado por lo demás, quería ser yo misma. A medida que fue pasando el tiempo, empecé a tener dos versiones de mí misma. Era una cuando estaba con adultos, con mis padres o mis profesores; y era otra cuando estaba con mis amigas. Con mis amigas siempre fui libre, no recuerdo haberme contenido ni haber escondido quién era. Es lo bello de las amistades verdaderas: te aceptan tal y como eres.

Pero mi rebeldía me llevó a tener varios problemitas en la escuela. Cuando estaba en primaria (entre primero y sexto grado), casi me expulsan. Me reía mucho en clase y podía ser una bravucona, una *bully*.

Leía libros que no eran para mi edad y eso me llevaba a tener una imaginación más avanzada. Recuerdo que, en quinto grado, nuestro profesor de Inglés nos pidió que escribiéramos una novela. No recuerdo bien de qué era, pero sí recuerdo que él llamó a mi mamá y le enseñó el libro. Le dijo que yo tenía potencial escribiendo, pero que le preocupaba el contenido. Creo que, en esa época, acababa de leer un libro que se llamaba *¿Estás ahí, Dios? Soy yo, Margaret*. Era un libro sobre la pubertad de una niña que se la pasaba preguntando a Dios el porqué de las cosas y de su vida. Recuerdo que leía mucho. Me devoraba libros de todo tipo, especialmente de misterio. Sin embargo, me sentí avergonzada por lo que había escrito y no volví a escribir nada.

Mis padres siempre fueron muy relajados conmigo; la verdad es que tuve bastante libertad. Yo me pasaba horas fuera de la casa, jugando con mis vecinos, o me iba a andar en bicicleta con mis primos. En la escuela también tuve bastante libertad. Eso es algo muy bueno; creo que ahora muchos niños, desafortunadamente, crecen con un gran control que los lleva al sufrimiento. Mis padres no me pidieron que tuviera excelentes notas, ni me exigieron que fuera de cierta manera. No tengo memoria de ellos tratando de cambiarme. Me dejaban ser.

La libertad (controlada, claro) es importante para nuestra vida, porque podemos experimentar, caer, equivocarnos, vivir sin que nos estén vigilando todo el tiempo. Es necesaria para descubrirnos y buscar nuestra felicidad; es importante para no vivir bajo la dirección exacta de otra persona.

Nuestras experiencias de pequeños son necesarias para que nosotros vayamos descubriendo el mundo, para mejorarnos y encontrarnos. También tenemos que darnos cuenta de que ciertas vivencias pueden apagar nuestra magia o nuestra conexión con nosotros mismos, esa que nos permite encontrar el camino hacia la felicidad y el bienestar completo.

Si sientes que has perdido la magia es porque has perdido la fe. Has perdido la fe en la vida y lo maravillosa que puede ser. Lo puedes ver en el sufrimiento que existe en muchas personas, sobre todo en aspectos como el trabajo. De pequeños, no nos enseñan que tenemos que trabajar en algo que nos llene, que nos nutra, que pueda servir a los demás y que nos emocione. Entonces, el trabajo termina siendo un sufrimiento. Si algo tan importante como nuestro empleo, al que podemos dedicarle ocho horas o más, no nos hace felices, entonces ¿qué vida estamos llevando? No importa qué tanto te cuides con alimentación y ejercicio si esta otra área de tu vida está fuera de balance.

Otras personas tienen problemas en cuanto a la salud. Como no son saludables, sufren. Además, están las relaciones: también sufrimos por ellas. Tenemos negatividad y toxicidad y no nos damos cuenta. Imagínate si sientes que tu carrera no te llena, tu salud no está bien y tus relaciones no aportan a tu bienestar emocional. Entonces, tienes que preguntarte qué es lo que *sí* está funcionando en tu vida.

Podemos pasar años así sin darnos cuenta, pensando que es normal o que desafortunadamente no nos tocó una vida mejor. No queremos salir de nuestra zona de confort y nos perdemos en la televisión y en las ficciones para no enfrentar nuestra propia vida. Nos tienta la comodidad de mirar hacia afuera, en lugar de tomarnos el tiempo de mirar hacia adentro y ver qué está pasando.

Tienes que empezar a ver todo con otros ojos. Necesitas una nueva perspectiva de la vida. Tú puedes rehacer tu vida en cualquier momento. Si no te gusta la dirección que está tomando, puedes decidir cambiarla ahora mismo.

En la vida tiene que haber un balance; por eso, es importante ir hacia adentro y ver qué es lo que hay allí. Es necesario que nos deshagamos de todas esas creencias de nuestra niñez que nos limitan cuando somos adultos. La mayoría de nuestras creencias, las que dictan nuestro mundo, no son ni siquiera nuestras, son ajenas. Tus creencias te dicen lo que es posible para ti y cómo debes ver el mundo; te guían en tus acciones, en tus pensamientos y en tu percepción. Todo esto es dictado por tu sistema de creencias. Es por eso que tienes que cambiarlas si realmente quieres transformar tu vida.

¿Sabías que la mayoría de las personas piensan negativamente acerca de sí mismas? No se han tomado el tiempo para estudiarse a ellos mismos y darse cuenta de lo maravillosos y poderosos que son. Nuestras creencias negativas nos quitan energía. Si realmente quieres empezar a cambiar tu vida, tienes que cuestionarlas.

Otra cosa que es sumamente importante para empezar un cambio es acceder a nueva información que te va a ayudar a reprogramar tu mente. Esto ayuda a darnos cuenta de que no todo lo que pensamos sobre la vida es cierto, y que las oportunidades y posibilidades son infinitas.

Si estás pensando en situaciones del pasado que no fueron buenas y pones eso de excusa de tu vida actual, tienes que parar ya. Tenemos que aprender de nuestros errores del pasado, pero no podemos dejar que estos nos limiten. Hay que dejar de pensar en el pasado como algo negativo y comenzar a verle el lado positivo a aquellas cosas que nos han sucedido. Aunque no lo encuentres o no lo puedas ver al principio, siempre hay algo bueno que puedes cosechar. Quiero que este libro te ayude a encontrar un balance en tu vida. Para llegar a este equilibrio, tienes que ser muy sincero acerca de dónde te encuentras, quién eres, qué quieres y si estás dispuesto a ir por ello.

Por esa razón, al final de cada capítulo te he puesto unos ejercicios de reflexión y unas recomendaciones para avanzar hacia una verdadera vida de bienestar.

CAPÍTULO 1
CONSCIENCIA: RECONOCE Y DESPIERTA

Tocó a mi puerta el despertar. Me tuve que replantear todo. Me casé y me fui a vivir a otra ciudad. Debía empezar de cero: nueva vida, nuevas amistades y lejos de mi familia. Aunque yo estaba súper feliz porque me había casado con un hombre al que amaba, alguien a quien mis padres aceptaban y a quien mi familia conocía, mudarme a otra ciudad fue el pico de mi inseguridad. Ya era mayor: tenía casi 28 años cuando me casé. Uno pensaría que la inseguridad es cosa de niñas; sin embargo, era algo que me estaba afectando en todos los sentidos.

En esa época, tenía una tienda de cosméticos y allí me refugiaba. En ese lugar pasaba todo el día; era donde me sentía segura. Cada vez que alguien me sacaba de esa comodidad, se generaba un caos en mi interior. En esa etapa de mi vida recibía muchas invitaciones a despedidas de soltera, a *baby showers* y a eventos familiares. Para mí, era un estrés horrible cada vez que recibía una de esas invitaciones. No me gustaba salir y no me gustaba socializar, era algo muy difícil para mí, porque no conocía a muchas personas. Esa era mi excusa, aunque en realidad sí conocía a la mayoría. A veces lloraba porque no quería ir y, en ocasiones, me inventaba excusas para no asistir. Me daba miedo no ser suficiente, no tener de qué hablar, no tener con quién hablar. Era un sentimiento espantoso.

Bastante seguido, trataba de ir a la casa de mis padres en mi ciudad. Allí me sentía bien, me sentía segura: era lo conocido, era cómodo.

Así estuve por cuatro años, hasta que todo cambió un día, durante mi segundo embarazo. Lo recuerdo vívidamente. En ese tiempo, vivía en una casa de madera en la montaña. Era como una casa de campo, con lo cual estaba en contacto directo con la naturaleza a diario, lo que me hacía sentir gratitud y apreciación.

Creo que fue esa conexión con la naturaleza lo que hizo que algo en mí cambiara. Me sentía conectada con Dios.

Estaba sentada en una mesa de bar alta, mirando hacia los pinos. Ya tenía a mi hijo mayor y estaba embarazada de Mila. Tenía mi tienda, que era un negocio bonito. En un comienzo, me había encantado la idea, pero ya no me sentía tan apasionada con respecto a la tienda, y sentía que me traía más problemas que felicidad. Sentada, reflexionando acerca de mí misma, recuerdo haber pensado: "Entonces, ¿esta es mi vida? ¿Esto es todo? ¿Seguir teniendo hijos, seguir asistiendo a eventos sociales? ¿Realmente me llena esto? ¿No va a haber nada más?".

No quiero sonar desagradecida, pero algo dentro de mí no sentía plenitud. Quería más. Siempre recuerdo ese momento y le doy *gracias a Dios* por haberme hecho tomar consciencia. Ese fue el comienzo del despertar desde mi estado de piloto automático.

Tomar consciencia es ver lo que no te gusta o no te llena de tu vida. Encontrar esos vacíos, esa insatisfacción. Darte cuenta de que ese sentimiento que no te gusta está allí para impulsarte al cambio. Está allí para *llevarte a tu camino*.

Han pasado años desde ese momento. Es increíble lo que recorremos en esta vida cuando miramos hacia atrás. Es una bendición el poder parar a escucharnos y dejarnos llevar.

Cuando estamos en piloto automático, vivimos dormidos, hacemos lo mismo día a día, sin darnos cuenta de cómo pasa la vida, sin darnos cuenta de que tenemos control sobre ella. El piloto automático es el que maneja tu vida: controla casi todas tus acciones, tus comportamientos y tus percepciones. Controla lo que piensas. Más del 90% de los pensamientos que tenemos en el día son los mismos del día anterior y el día anterior. Vamos creando más de lo mismo; sin consciencia, sin rumbo, con anhelos, con recuerdos antiguos y con tristeza.

Vivimos en nuestra propia prisión y no nos damos cuenta.

No podemos ver esas barreras invisibles. Tratamos de cambiar, pero no lo logramos, quizá porque pensamos que es imposible. Nos sentimos impotentes. Queremos más, pero no sabemos cómo conseguirlo.

Yo recuerdo sentirme muy triste. Miraba mi vida y sentía que esa era la que me había tocado. Estaba feliz con muchas cosas, pero había otras con las que no.

Quería cambiarlas, pero me angustiaba mucho al pensar que una transformación no era posible para mí. Pensaba: "Así nací y así me quedaré".

Creía que, tal vez, algún día, las cosas cambiarían por obra de un milagro. Eso me tranquilizaba un poco, aunque en el fondo sabía que no era posible. Quizá en otra vida.

Se me venían imágenes de mí misma siendo más segura, y eso me entristecía más que otra cosa; me mataba. La inseguridad, el hecho de no sentirme capaz de hablar libremente, de ser yo, de expresarme, de hablar de mis gustos y mis cosas... No me ocurría con todo el mundo, pero sí con la gran mayoría de personas. Por eso, trataba de no pensar en ello.

Me daba muchísima rabia tener que ir a un lugar y apagarme automáticamente, algo que me ocurría en diferentes ámbitos sociales. Enmudecía. Algo tomaba control sobre mí. En algunas ocasiones, me aseguraba de que una amiga asistiera al evento; de lo contrario, inventaba excusas para no ir. Mientras estoy escribiendo esto, me conmuevo y me doy cuenta de todo lo que he cambiado.

Vivo en un país pequeño y hay eventos sociales todo el tiempo. Recuerdo que recibía invitaciones y me daban ganas de llorar. No quería volver a esas situaciones y sentirme inútil, boba, callada.

Rápidamente, encendía la televisión o me distraía con algo para no tener que pensar. Me desilusionaba a mí misma.

Nunca le comentaba a nadie sobre mis sentimientos profundos. ¡Qué inseguridad tan fuerte!

Tenía 33 años... y entonces pensé: "¿Cuánto tiempo más vas a estar así? ¿Vas a vivir toda tu vida con esta inseguridad, limitándote y conteniéndote? ¿Qué ejemplo vas a ser para tus hijos?". Una niña estaba en camino, y yo no quería que ella sufriera al tener que imponerse límites como lo estaba haciendo yo.

Entonces, empecé a buscar. ¿El qué? No lo sabía. Solo sabía que estaba buscando algo. Quería encontrar respuestas, soluciones, quería una nueva vida. Y, cuando uno busca... uno encuentra. Como mi negocio no me estaba dejando nada, también quería independencia financiera.

Entonces, me encontré con *El secreto*, de Rhonda Byrne, ese libro y documental que impactó la vida de millones de personas... pues la mía también. Poco a poco, las respuestas a mis preguntas fueron apareciendo.

Allí fue cuando descubrí el mundo del crecimiento personal y de las leyes universales. Estaba fascinada y obsesionada con el tema. Empecé a estudiar inmediatamente, todos los días, ya sea a través de YouTube o mediante algún libro que encontrase.

Tengo que decirles que es otro mundo.

O bien estás viviendo tu vida con propósito (o sea, mediante el crecimiento personal), o bien no has despertado y estás en piloto automático.

Sentí que había vivido "dormida" durante muchos años, y estaba despertando de ese piloto automático, ese estado que no te deja avanzar, que te mantiene atrapado, que controla tus comportamientos y tus percepciones.

Ese fue el momento en el que mi vida cambió.

A partir de ese momento, pasé cerca de dos años un poco aislada. No compartía mucho con las personas que me rodeaban acerca de lo que estaba haciendo, pues sentía que no lo entenderían.

Siendo, en ese momento, alguien tan sensible y tan susceptible ante cualquier comentario, pensaba: "Mejor no voy a decir nada. Si alguien me hace un comentario negativo, voy a dejar mi crecimiento a un lado". El único que estaba al tanto de cómo me sentía era mi esposo. Él me celebra y apoya en todo, y ha sido una figura súper positiva en mis cambios.

Durante esos años estuve descubriéndome, tratando de entender la vida, abriendo los ojos, llegando a la conclusión de que yo era creadora. Poco a poco, y sin darme cuenta, fui cambiando. Mis intereses fueron transformándose. Ya no me llenaba ver televisión; ahora prefería leer un libro, estudiar, terminar mis cursos o ver algo de *mindset* en YouTube. Toda la información era nueva para mí, y sentía cómo me estaba cambiando desde adentro. Esta información estaba permitiendo que yo me viera a mí misma con otros ojos.

Mis conversaciones fueron cambiando. Tengo que decirles que el camino hacia el crecimiento personal puede ser solitario y muchas personas no lo entienden; incluso las que están en nuestro círculo más íntimo. Como yo fui cambiando, mi mundo exterior fue cambiando. Empecé a soñar nuevamente, como cuando era niña. En ese entonces quería muchas cosas, algunas de ellas un poco locas. Ahora estoy escribiendo este libro con muchos de esos sueños ya cumplidos, y orgullosa de los cambios que he logrado.

Dicen que las personas de Piscis son soñadoras. Yo soy de Piscis: soñadora y sensible.

Me encontré en ese mundo donde todo parecía ser mágico y fantástico, ¡y quería creerlo tanto! Quería saber todo sobre la posibilidad de tomar el control de mi vida.

Me obsesioné mucho; tanto que me levantaba por las mañanas, emocionada, y me ponía a escuchar los audios de los maestros más grandes: Bob Proctor, Wayne Dyer, Abraham Hicks, Michael Beckwith... una y otra vez. Destinaba unas cuatro horas al día (¡o más!) a escuchar y leer esta información.

¿Por qué nadie nunca me había hablado de esto? ¿Por qué en las escuelas no te enseñan estas cosas maravillosas acerca del poder interior, de la imaginación, de las facultades mentales? ¿Por qué no te muestran que podemos ser quien queremos ser? Había aprendido mucho más con todo esto de lo que había aprendido en el colegio.

Identifiqué mis miedos y mis inseguridades, y me di cuenta de que eran ridículos. Me di cuenta de que estaban controlando cada aspecto de mi vida. Muchos eran invisibles y eran por falta de fe, por haber perdido la magia. Una de las razones por las cuales yo no me sentía feliz era porque no me sentía *yo misma*. No me sentía libre. Me sentía atrapada. Era quien los demás esperaban que fuera.

Pasé de tener una vida mediocre (suena mal, pero si no estás disfrutando y simplemente te estás conformando con "lo que te tocó", es una vida a medias) a vivir una aventura maravillosa, en la que aprendo constantemente, me río de mí misma, disfruto cada día y soy agradecida por todo.

Si te quieres unir a esta aventura y quieres iniciar tu proceso de transformación, te quiero recomendar que comiences con tu alimentación. Empieza limpiando tu cuerpo. Un cuerpo limpio te da claridad mental y te lleva a sentirte mejor en todo sentido, a cuestionar y a explorar. Pero eso lo veremos en el próximo capítulo. Por ahora, te dejo unos ejercicios de reflexión.

EJERCICIOS

Respóndete a ti mismo estas preguntas:

1. ¿Te sientes completamente lleno con tu vida? Identifica dónde están los vacíos.
2. ¿Qué te gustaría cambiar de tu vida?
3. Si pudieses lograr lo imposible, ¿cómo te gustaría vivir?
4. ¿Cómo imaginas tu vida con esos cambios aplicados? ¿Cómo crees que te sentirías?
5. ¿Tienes una dirección para tu futuro? ¿Tus pensamientos tienen dirección? ¿Te gusta el lugar hacia el que vas?
6. ¿Sabías que estás creando tu vida por medio de tus pensamientos? Son esos pensamientos que sostienes por un tiempo prolongado los que empiezan a tomar forma en tu mundo exterior.
7. ¿En qué piensas durante la mayoría de tu tiempo? ¿Dónde te están llevando esos pensamientos?

Ahora, escribe aquí detalladamente cómo quisieras vivir en los próximos cinco años: qué cambios te gustaría hacer y qué querrías experimentar en tu vida. Escríbelo. Yo lo hice y te puedo asegurar que, cada vez que vuelvo a ver las notas que escribí al iniciar el proceso, me doy cuenta de que he logrado muchas de las cosas que me propuse.

CAPÍTULO 2
NUTRICIÓN: ¿ESTÁS HACIENDO DIETA O ESTÁS NUTRIENDO TU CUERPO?

Hay una gran diferencia entre cuidar tu alimentación para verte bien y cuidar tu alimentación para estar realmente saludable.

Fue impactante para mí cuando comencé a informarme y me di cuenta de esta diferencia. Estar a dieta es completamente diferente a estar saludable y nutrir el cuerpo. Había pasado muchos años de mi vida "a dieta", controlando mi alimentación para mantenerme en un cierto peso o simplemente para verme bien. Todo eso había sido una completa batalla. En aquellos días sentía mucha hambre, porque me la pasaba contando las calorías y las porciones, además de sufrir fuertes dolores de cabeza y bajones de energía a raíz de dietas llenas de "productos saludables".

Cuando me di cuenta de esta diferencia, cambié mi salud para siempre y no volví a hacer ninguna dieta en mi vida. Gracias al Institute for Integrative Nutrition (Instituto para la Nutrición Integrativa) de Nueva York pude cambiar mi forma de ver la salud. Estuve un año recibiendo clases de doctores de todo tipo, con diferentes "dietas" y distintas formas de ver la alimentación. Al final, el mensaje era sencillo: tenemos que comer lo más natural posible; o sea, alimentos que vienen de la tierra.

Existe algo llamado bio-individualidad, que dice que "lo que es veneno para uno, es comida para otro". No todos podemos comer lo mismo y esperar los mismos resultados. Cada uno de nosotros es diferente. Tenemos diferentes tipos de sangre y contexturas, y portamos genética distinta. Además, no todos hacemos el mismo tipo de actividad física. Se trata de estar en sintonía con nuestro cuerpo; empezar a escucharlo y ver qué es lo que no nos está pidiendo. Debemos identificar qué es lo que no le gusta y con qué se siente mejor. Cuando hacemos esto, el cuerpo sana por sí solo y podemos, realmente, estar saludables y sin estrés.

Aprender todo eso significó un abrir de ojos increíble en mi vida, e hizo que todo se volviera más fácil. Es triste saber que podemos pasar muchos años de nuestras vidas gastando energía y depositando nuestros pensamientos alrededor de qué y cuánto podemos comer. ¿Qué es bueno? ¿Qué es malo? ¿Cuántas calorías tengo que quemar? Y luego nos sentimos culpables si nos excedemos un poco... Toda esta energía también se la lleva la intención de lucir bien, ya que hemos sido programados para pensar que, si no nos vemos bien, no nos merecemos muchas cosas.

Esto no es algo que empieza en nuestra juventud. Esto empieza en nuestra niñez y nos afecta enormemente. Recuerdo que, cuando tenía unos ocho años, estaba con mi madre en una tienda. Una amiga de ella se acercó a saludar, me vio y le dijo: "¡Qué flaquita que es Mireya! ¡Va a desaparecer!". No recuerdo muy bien cuál fue mi reacción ni lo que sentí en ese momento, pero sí me acuerdo haber llegado a mi casa y haberme comido unas rodajas de pan con mantequilla amarilla y azúcar, con el objetivo de engordar. Cuando somos adultos, no nos damos cuenta de cómo nuestras palabras pueden impactar en un niño. No volví a tratar de engordar; como no vi resultados inmediatos tras comer esas rodajas de pan, desistí. Seguí con mi vida. Pero esas cosas te enseñan que sí importa cómo te ves físicamente.

En la escuela nunca tuve problemas de peso. Comía de todo, pero no tenía noción de qué era saludable y qué no. Me alimentaba con bastante comida procesada. Mi alimentación no era buena, pero siempre fui delgada. Me gradué de la escuela en el 2000. En ese momento, mi grupo de amigas y yo estábamos más interesadas en pasarla bien que en vernos bien.

Yo diría que la nuestra fue una generación muy sana. Nuestra diversión consistía en ir a comer pupusas y tacos y, de postre, unos quequitos (*cupcakes*). Las pupusas, que son unas tortillas rellenas de queso, venían acompañadas de una ensalada de repollo. Nos encantaba reunirnos a comer. Rara vez hablábamos de cuerpos, del peso ideal, de maquillaje o de modas y todas esas cosas de las que las chicas hablan hoy en día cuando están en la escuela. No voy a decir que éramos santas: sí hacíamos travesuras, aunque eran más o menos inocentes.

Sin embargo, yo seguía siendo rebelde. Recuerdo que, en el último año, organicé un *skip day*; es decir, un día en el que todos mis compañeros y yo faltaríamos a la escuela. Las autoridades de la escuela habían dicho que nos suspenderían a todos si lo hacíamos, pero a mí no me importó. Nos reunimos en mi casa. Nuestro destino era mi casa de playa en Cortés.

Recuerdo que les dije a mis padres que ese día no teníamos clases, y fue así como me dejaron ir. De esa forma, fuimos con todos mis compañeros a la playa en diferentes automóviles. Allí pasamos todo el día, comimos churros, sándwiches y toda clase de comida chatarra. Nuevamente, nadie tenía noción de la salud. Al regresar a mi casa, mis padres me dijeron que en la escuela se habían dado cuenta de que yo había organizado el *skip day* y me suspendieron.

Me gusta saber que fuimos libres y no tuvimos ese estrés que se siente al estar constantemente pendientes de nuestro peso y nuestro físico en general. Pero sí siento que es importante que, tanto en las escuelas como desde las familias, exista más compromiso para que haya consciencia sobre una alimentación saludable desde temprana edad. Son nuestros hábitos los que determinan nuestro futuro. Si podemos crear buenos hábitos desde pequeños, de manera natural, podemos ser adultos más sanos y así evitar mucho sufrimiento.

Claro que, durante la juventud, la mala alimentación no se ve muy reflejada en nuestro cuerpo. Pero, más adelante, a medida que pasan los años, el cuerpo pasa factura. Las consecuencias de una alimentación dañina no las vemos inmediatamente; las vemos después, cuando todo cuesta más. Esto es de extrema importancia, porque toda esta comida chatarra cambia nuestro ADN.

Comer comida chatarra con regularidad puede provocar riesgos ya conocidos, como cáncer, inflamaciones, infecciones, reacciones alérgicas y cicatrices permanentes en nuestros genes.

Después de la escuela, fui a la universidad. ¡Guau! Allí fue cuando mi cuerpo empezó a cambiar. Engordé los famosos *"freshman 15"*. Durante el primer año, viví con una amiga de la escuela en un apartamento que estaba frente a la universidad. Mis padres me dejaron una tarjeta de crédito para comprar comida, y también la tarjeta de la universidad para comer adentro de la facultad. Lo primero que hice fue comprar todo tipo de comida chatarra, como Oreos, chispas de chocolate y muchas cosas más. Tenía una gaveta solo para mi *junk food*. Compraba donas y comida rápida todo el tiempo. La pizza, los *nuggets* o las papas fritas eran esenciales en la universidad. En la ciudad en la que estaba hacía mucho frío, con lo que tenía ganas de comer cosas calientes. Lo único que me importaba era comer cosas ricas, y la verdad es que disfruté muchísimo comiendo así. Durante ese año, no recuerdo haber cocinado *ni una vez*. No tengo recuerdos de haber tocado un pedazo de fruta (¡ahora me muero si paso un día sin fruta!). Cuando comía algo "normal" era en el comedor de la universidad, y aun así ellos tenían una gran variedad de comida poco saludable, como hamburguesas, pescado empanizado, ensalada con aderezos llenos de grasa y azúcar y, claro, todo tipo de postres.

Esto que me pasó a mí se llama *ignorancia*. No tenía ni idea de que lo que estaba comiendo era dañino. Mis padres nunca me habían hablado acerca de la comida saludable, y en la escuela tampoco. No es culpa de mis padres; ellos me enseñaron lo que sabían a partir de la información que tenían en ese momento. ¿Cómo me iba a dar cuenta de lo que era bueno para mi cuerpo? ¿Cómo podía saber que la comida mala me afectaba? Mi piel empezó a brotarse como nunca y, por primera vez, tuve que empezar a comprar ropa más grande.

Así seguí por dos años más y, con toda honestidad, lo disfruté. Estaba tan enfocada en esa nueva etapa de mi vida, viviendo con mis mejores amigas, que no me importaba todo lo demás. Podía desayunar hasta dos *bagels* de jamón y queso; cenaba pizza frecuentemente; tomaba bebidas alcohólicas llenas de azúcar cuando salía por las noches... Rara vez cocinábamos. Ese era uno de los problemas más grandes.

Pero, cuando empecé a salir, también comencé a querer verme atractiva. Empecé a leer revistas que hablaban sobre el peso y a buscar en internet "¿Cómo bajar de peso?". Mi pregunta era muy básica, porque no tenía ninguna noción sobre ese tema.

Allí fue cuando me encontré con el mundo de las dietas. Había una infinidad de ellas: algunas para bajar de peso en tres días, otras en las que solo se podía comer proteínas, otras a base de líquidos...

Empecé a educarme sobre la salud con lo que encontraba en internet. Allí fue cuando empezó mi relación con cuidar las calorías y las porciones, una relación que me frustraría por muchos años. Mis pensamientos sobre cuánto había comido, cuándo debería comer y cuánto tiempo faltaba para mi siguiente comida me controlaban, y consumían mucha energía de mi vida y mucho tiempo de mi mente; tiempo que podría haber usado en otra cosa. Este tipo de "dieta" evita que puedas disfrutar de tu vida. Funcionaba, sí: me veía bien y me sentía mejor conmigo misma... pero era esclavizante.

Regresé a mi país después de haberme graduado de la universidad. Seguí contando calorías y porciones, pero en ese momento se pusieron de moda las dietas *sugar free*: la comida sin azúcar. Me lo tomé muy en serio: me compraba chicles *sugar free* para que me quitaran el hambre, compraba galletas sin azúcar y las comía con café lleno de Splenda, bebía Coca-Cola Light... No puedo creer cómo sobreviví durante ese tiempo: ¡estaba consumiendo puros químicos! Recuerdo que vivía con dolores de cabeza y con gases, que son consecuencia de la ingesta de esos productos. Ahora me doy cuenta de que todo lo que dice *"light"* o *"free"* probablemente esté lleno de grasa, químicos o azúcar. Las compañías les quitan algo y les agregan otra cosa para mantener el sabor y la textura. En esa época, yo era adicta al azúcar: mi cuerpo me lo pedía constantemente. No pasaba un día en el que no consumiera algún tipo de azúcar. Necesitaba sentirla, buscaba la manera de consumirla... Me encantaban los desayunos dulces, con panqueques, *waffles* y avena. Yo no me daba cuenta de esta adicción. Seguía contando las calorías, pero como la Splenda, los refrescos *light* y los chicles no tenían calorías, no los incluía. Las galletas *sugar free,* mientras tanto, tenían azúcar artificial, grasa y químicos.

Nuevamente, lo que dominaba era mi ignorancia. No podía ver que las compañías no estaban siendo del todo sinceras al momento de comercializar productos supuestamente saludables. Yo pensaba que estaba haciendo todo bien y, en mi esfuerzo por mantener mi peso, seguía contando las calorías y las porciones. Pero tenemos que dudar de todo lo que viene en un empaque o en una bolsita. Hay que revisar siempre los ingredientes. La carátula de un producto dice lo que uno quiere escuchar. El trabajo del empaque es vendernos el producto. *No todo lo que está de moda es saludable.* Eso es algo que sigo aprendiendo. Todos los años aparecen nuevas tendencias relacionadas con la alimentación y, si no tenemos cuidado, nos podemos dejar llevar por sus mentiras.

Cuando me casé, lucía delgada y *fit*, pesaba 48 kilos (unas 105 libras) y me sentía súper bien con mi cuerpo. Pero, más allá de ese peso, no estaba necesariamente saludable.

Pero ¿qué pasa cuando te casas? Empiezas a comer con tu esposo. Recuerdo que comimos muchísimo durante nuestra luna de miel. A mi esposo le encanta comer. Yo, recién casada, quería cocinarle rico y de todo. Mi madre me enseñó muchas recetas deliciosas; ella cocina espectacular. Estaba acostumbrada a que en mi casa siempre había todo tipo de platos fuertes, así como comida de acompañamiento. Junto a mi esposo, comíamos de todo y lo disfrutábamos mucho. Después de casarme, volví a engordar, pero rápidamente volví a obsesionarme con las calorías y las porciones. Vivía con hambre y me sentía débil. Sin embargo, los fines de semana, comíamos de todo. Pedíamos mucha comida para llevar. Todo lo que me cuidaba en la semana lo engordaba durante el fin de semana.

Así era mi vida hasta que tuve a mi primer hijo, Luis Antonio. Yo me había dicho a mí misma: "Si voy a ser madre, quiero hacerlo lo mejor que pueda". Cuando uno tiene hijos, recibe todo tipo de opiniones sobre la crianza y la alimentación. Una de las primeras cosas que hice bien desde el inicio fue darle pecho; se lo di cerca de dos años. A los 9 meses de su vida, cuando él ya empezaba a comer, comencé a darle ciertos alimentos como yogur, lo cual le causó una reacción en su piel. Empecé a leer y a investigar, y un libro en específico que me cambió la forma de ver la alimentación de mis hijos fue *Disease-Proof Your Child: Feeding Kids Right (Haz a tu hijo a prueba de enfermedades: alimenta a los niños correctamente)*, del doctor Joel Fuhrman. Tenemos armas de destrucción masiva en cada rincón y se llaman donas, hamburguesas con queso, papas fritas… comida chatarra. Nuestros niños viven con una dieta de comida chatarra. Me preocupaba mucho la salud de mi hijo y de los que estaban por venir, de modo que mi avidez de información fue incrementándose hasta que decidí certificarme como *health coach*.

Esto ocurrió después de mi despertar, cuando supe que quería más para mi vida. Más adelante les contaré todo en detalle, pero les adelantaré que la educación que recibí durante ese año cambió mi vida para siempre. Realmente entendí lo que significa la salud. Allí fue cuando comprendí que *no tenemos que hacer dietas, tenemos que nutrir nuestro cuerpo*. Una forma de nutrir nuestro cuerpo es por medio de la alimentación; una alimentación real, que nutra cada célula de nuestro cuerpo. Entendí que los alimentos que nos dio Dios, los que están en la tierra, son los que el cuerpo necesita y reconoce. Todo lo que viene empaquetado no es necesario para el cuerpo. Ignorar esto puede ser dañino. Así, aprendí que hay que escuchar a nuestro cuerpo, porque nos habla todo el tiempo y nos dice qué es lo que necesita.

En mi caso, he descubierto que la mejor alimentación para mí es una que está en un 80% basada en plantas, dejando el 20% para el balance. A todo en la vida tenemos que encontrarle un balance. Todo lo que nos limita y nos restringe también nos frustra y nos provoca.

Entonces, deseché la idea de las calorías y las porciones. Empecé a sentir un gran alivio y sentí que tenía más tiempo para otras cosas. Te lo repito: el tiempo que uno puede malgastar pensando en qué comer, cuánto comer o cuándo comer es demasiado. No podría vivir pensando en eso el resto de mi vida. ¡*Eso no es vida!*

Ese año me devoré toda la información del Instituto para la Nutrición Integrativa. Me encantaba, me llenaba; aprender tanto fue algo maravilloso. Empecé a comer mejor, con más frutas y vegetales, más jugos, menos proteína animal y menos lácteos. Mi cuerpo fue bajando de peso por sí solo, y yo me fui sintiendo con más energía y con mayor claridad mental.

Uno de los cambios principales que hice fue eliminar mi adicción al azúcar. Esto impactó tanto mi vida que, años después, junto a una amiga, lanzamos *Radiante sin Azúcar*, mi programa más exitoso de salud hasta el momento. Es un programa específico para atacar ese problema que, muchas veces, ni cuenta nos damos que tenemos. Al eliminar mi dependencia al azúcar, mi piel mejoró, mi pelo ya no era grasoso (antes me lo lavaba a diario por la grasa), eliminé las hinchazones, los gases y los dolores de cabeza. ¡Fue increíble! Volví a sentir el sabor real de los alimentos como, por ejemplo, las frutas (antes no podía sentirlas dulces). Nuestro paladar puede adormecerse por la cantidad de químicos y azúcares que consumimos, hasta que perdemos nuestra habilidad de sentir los sabores reales de los alimentos. Gracias a Dios, con nuestro programa *Radiante sin Azúcar* hemos podido cambiar la vida de miles de personas.

Otra cosa que hice fue dejar el pollo, que consumía a diario con huevo. Dentro de poco voy a cumplir diez años sin comer pollo. Una de las cosas que noté al dejar este alimento fue que bajé esos dos kilos (cinco libras) tan difíciles de bajar y, además, es probable que haya sido la causa por la que se me fue la fibrosis en los pechos.

Ahora consumo proteína animal de manera moderada, y casi siempre son mariscos. No estoy diciendo que lo tienes que dejar: ¡recuerda la bio-individualidad! Lo que funciona para mí puede que no funcione para ti.

Involucrarme en la cocina fue otro cambio importante. Poner energía a nuestros alimentos, cocinar con amor y consciencia; dedicar tiempo a hacer un menú o las recetas de casa para evitar comer lo mismo una y otra vez. Tenemos que estar constantemente diversificando nuestros alimentos. Debemos agregar nuevos vegetales, probar frutas, incluir a nuestro día a día nuevos platos con ingredientes, hierbas y condimentos naturales y poderosos, con el objetivo de sanar nuestro cuerpo. Comer fuera de casa puede estar bien de vez en cuando, pero si lo haces muy seguido no lograrás mantener el balance. La comida fuera de casa está hecha con más grasa y más azúcar, y las porciones son demasiado grandes.

Con toda sinceridad, te digo que los cambios son pequeños pero tienen un gran impacto en nuestra salud.

Esta información necesita llegar a más personas. Verdaderamente, creo que si comiéramos lo más natural posible no sufriríamos tanto y nuestro cuerpo llegaría a su balance. Como dijo Joshua Rosenthal, el director del Instituto para la Nutrición Integrativa de Nueva York: "Si le damos una pequeña oportunidad al cuerpo, el cuerpo sanará por sí mismo".

Hay que limpiar nuestra dieta, y eso requiere que estemos involucrados en los alimentos de nuestra casa.

Mi pasión por este tema, a partir de todo lo que sufrí tratando de mantenerme en un peso ideal, me llevó a crear recetarios y programas que te ayudarán a mejorar tu alimentación, pero de una manera sostenible y real.

Por esa razón, quiero compartir contigo 5 pasos clave que he aprendido sobre la salud y que me han quedado grabados en la memoria. Estos consejos son los que vemos en mi programa *Limpia tu Dieta*, que se trata de llevar una dieta limpia y balanceada sin estrés. Esta forma de alimentarme me ayuda a mantenerme sana, en un peso que me gusta, con energía y feliz. No me quita tiempo ni energía.

Estos son mis *top tips* para eliminar las dietas de tu vida de una vez por todas:

1 - Cómo empieces tu día determinará cómo será el resto. A todos mis clientes siempre les digo que lo más importante es lo que le damos al cuerpo a primera hora. Por la noche nuestro cuerpo descansa, se repara, elimina toxinas... y, por la mañana, normalmente sigue en ese proceso. Por eso, muchas veces no tenemos hambre: porque el cuerpo no está listo para recibir comida. Es por ello que, cuando te levantes, debes beber medio litro (unas 16 onzas) de agua tibia con limón. El limón activa el agua y ayuda a eliminar los residuos.

2 - Espera 20 minutos después de beber el agua con limón y, si tienes hambre, puedes comer una fruta o tomar un batido de fruta con vegetales. La fruta es un alimento divino y es perfecta para nuestros cuerpos, porque tiene toda la hidratación, fibra y nutrientes que nuestros cuerpos necesitan para funcionar al máximo. Esto te ayudará a evitar el estreñimiento. Pruébalo. No pienses en que te dará hambre y que necesitas un desayuno cargado. Si más tarde tienes hambre, siempre puedes comer algo más a media mañana. Algunas horas después del desayuno puedes tomar, por ejemplo, una avena con leche de almendras casera o una tostada con aguacate. Como tu cuerpo no está gastando energía en digerir comida con proteínas, vas a sentirte repentinamente muy enérgico.

3 - Adopta el hábito de comer una ensalada grande todos los días, si es posible en el almuerzo. Puedes acompañar esta ensalada con una proteína animal de tu elección. Asegúrate de incluir lechuga de hojas color verde oscuro y agrega vegetales crucíferos, como el repollo. También puedes añadir otra gran variedad de verduras, como zanahoria rallada o tomate. Agrégale las cosas que te gusten: aceitunas, palmitos o nueces, y disfrútala con un aderezo sano y delicioso. Necesitamos alimentos vivos, y las ensaladas y la fruta mantienen intactos sus nutrientes, porque no llevan cocción.

4 - Siempre ten meriendas listas. Si es posible, que sean frutas o vegetales con *dips*. Suena simple y aburrido, pero es lo más saludable. Si evitas que la merienda te tome por sorpresa, entonces evitarás comprar productos procesados, que normalmente contienen una gran variedad de químicos, azúcar, grasas y colorantes. Entre más natural, mejor será tu dieta. Debes revisar cuidadosamente las etiquetas de los empaques para identificar sus ingredientes. Si tú no logras reconocer de qué está hecho lo que comes, tu cuerpo tampoco podrá hacerlo. No veas el valor nutricional, solo fíjate en los ingredientes del producto. Recuerda que la carátula de los productos tiene información que *tú quieres ver pero no necesariamente es cierta*.

5 - Hazte el hábito de comer un plato vegano al día: una comida sin proteína animal y sin lácteos. Tu cuerpo no necesita ese exceso de proteína. Hay una gran variedad de platos veganos deliciosos; de hecho, la mayoría de mis recetas son veganas. Muchos de mis clientes, después de probar mis recetas détox (que son platos exquisitos sin proteína animal, lácteos ni gluten), me dicen que su cuerpo se siente tan bien y limpio, que ahora rechaza la carne o los lácteos. El détox, para mí, fue un despertar en cuanto a la alimentación. En mi página web (www.mireyanasser.com) puedes descargar recetas détox de forma gratuita.

Aquí te dejo un gráfico con algunas recomendaciones. Te aseguro que, si pruebas hacer mi rutina ideal por un mes, vas a sentir un cambio muy positivo en tu cuerpo. Es una rutina flexible que no se basa en las porciones, que puedes realizar a tu gusto, con libertad, y que te va a quitar el estrés que conllevan las dietas tradicionales.

Y, nuevamente, nos encontramos con el balance. En la alimentación tiene que haber un balance. Si somos muy estrictos, podemos tirar la toalla y tener atracones, pero si no nos lo tomamos en serio y de pronto estamos comiendo un postrecito por aquí y un delicioso plato de pasta cremosa por allá... es rico, se disfruta. Yo siempre trato de cuidar mi alimentación en mi casa y dejo la libertad de comer lo que se me antoja en un restaurante o en una reunión. Una cosa que me molesta cuando voy a eventos sociales es que piensen que solo como ensaladas. Yo como lo que me gusta y no ando pensando en la cantidad de calorías, en el tipo de aceite que usaron o en si un aderezo tiene azúcar. Me parece que no es necesario. Pero sí tienes que ser consciente de que un gran porcentaje de tu tiempo estás nutriendo tu cuerpo con alimentos vivos que vienen de la tierra.

¡Atrévete! 10 claves para transformar tu vida

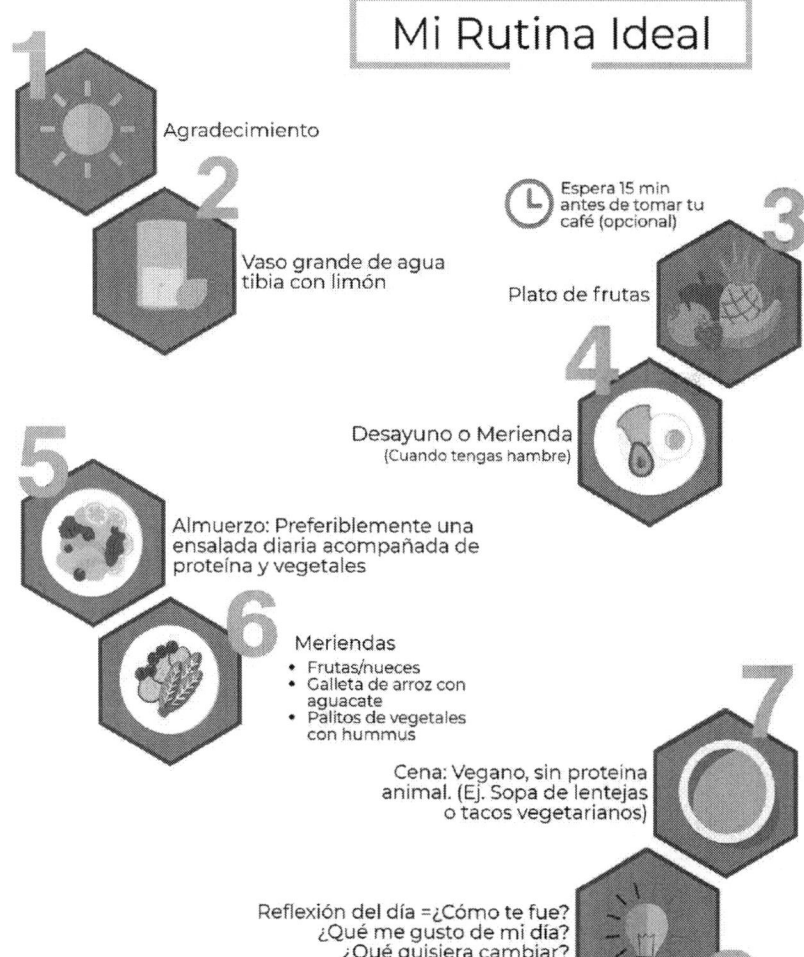

Capítulo 2 - Nutrición: ¿estás haciendo dieta o estás nutriendo tu cuerpo?

CAPÍTULO 3
VOCACIÓN: ¿ESTÁS DISFRUTANDO LO QUE HACES?

Nos vamos a la universidad siendo tan jóvenes que la mayoría no tenemos ni idea de qué hacer con nuestras vidas. Yo fui a la universidad porque era el siguiente paso en mi vida. En realidad, no tenía mucho interés sobre lo que iba a hacer. Fui muy afortunada, ya que mis padres pudieron mandarme a Estados Unidos para obtener un título.

Yo no quería irme. Tenía mucho miedo, pero una buena amiga me dijo: "¿Cómo es posible que no vayas a aprovechar la oportunidad que te están dando tus padres de irte a estudiar afuera?". Ella es una de mis amigas más cercanas, y a pesar de que se quedaría en Honduras, me animó a que me fuera.

Me fui y no me arrepiento. Haberme ido lejos de mi casa a esa edad me ayudó a encontrar mi independencia, a ser responsable, a descubrirme, de cierta manera, y a prepararme para la próxima etapa de mi vida. Tuve que aprender a cocinar, a lavar mi ropa, a hacer mi cama, a limpiar mi casa y a levantarme sola. La escuela secundaria nunca me gustó mucho. Siempre fui alguien que sacó notas promedio. Ahora me doy cuenta de que era parte de mi paradigma. Así me veía yo: como alguien que no sacaba buenas notas.

El primer año en la universidad tomé las clases básicas, y el segundo año me tocó decidir qué iba a hacer. Recuerdo que iba a la *counselor* de la universidad junto a otra amiga y las dos nos pasábamos horas con ella tratando de identificar qué queríamos hacer con nuestras vidas. Nosotras íbamos muy relajadas y disfrutábamos las charlas con esta orientadora, que era puertorriqueña; nos parecía fabuloso escuchar su acento. Estuvimos así durante semanas y, como no encontraba nada que me llamara la atención, terminé estudiando la carrera de Administración de

Empresas, "lo seguro": algo clásico y con salida laboral garantizada.

Estudié esa carrera sin disfrutar las clases y, al igual que en la escuela, mis notas eran promedio. La única clase que recuerdo que me gustó fue una de las básicas de primer año, Psicología, en la que aprendí muchas cosas sobre la mente. Esto nos enseña que debemos prestar atención a las pequeñas cosas, porque años después aquí estoy, y el tema de la mente es una de mis pasiones. Si hiciéramos caso a lo que nos llena, a lo que podemos hacer sin esfuerzo o sin quejas, a lo que disfrutamos, podríamos identificar más fácilmente nuestro propósito.

Cuando faltaban seis meses para graduarme de la universidad, decidí estudiar otra carrera, que me tomaría seis meses adicionales y hacer una pasantía, con lo cual mis estudios se extendían por un año más.

Obtuve el título en Hotelería y Turismo, porque me gustaba viajar y se oía bonito. Nuevamente, andaba perdida en lo que en realidad quería hacer. Quería más tiempo sola y no estaba lista para regresar a mi país. Como mencioné, para poder graduarme con este nuevo título necesitaba realizar una pasantía con una compañía que estuviera aprobada por la universidad.

Así que estuve seis meses en una *internship* con una empresa que formaba parte de la lista de Fortune 500, que reúne las compañías más importantes del mundo. En esta empresa, mi tarea consistía en ayudar a organizar eventos para el equipo de ventas. Fue una experiencia muy bonita, algo diferente, porque me llevaban a otras ciudades en jet privado y me quedaba en hoteles de lujo. Aprendí mucho sobre eventos, pero en realidad no me gustaba; no me emocionaba.

Me gradué después de cinco años y la universidad me dio un permiso para quedarme trabajando un año en Estados Unidos. Aproveché la oportunidad y empecé a buscar diferentes lugares que estuvieran ligados con eventos, ya que estaba haciendo mi *internship* en esa compañía conocida y sentía que las puertas iban a estar abiertas para mí. Lo logré y conseguí quedarme trabajando para una empresa que hacía eventos para otras instituciones.

Fue uno de los peores trabajos que tuve. Estuve cinco meses allí y la verdad es que no me gustaba. ¡Lo detestaba! Llegaba a las 8 de la mañana y lo único que hacía era quedarme mirando el reloj durante todo el día, pensando en la hora de salida. No era lo que esperaba. Me la pasaba frente a una computadora. Soporté esos meses porque estaba viviendo con una buena amiga, la que me había animado a irme a estudiar afuera.

Yo la había llamado meses atrás, al obtener el permiso para quedarme, y le había dicho que se viniera a Estados Unidos; que yo estaba buscando compañera de habitación y que, como ella se había graduado y era residente, podía venirse sin ningún problema. Como la vida es tan perfecta y el universo conspira con uno, ¡ella aceptó! ¡Fueron de los mejores meses de mi vida! A mí me pagaban poco en el trabajo y ella estaba empleada como mesera en un restaurante, mientras buscaba un trabajo mejor, pero disfrutábamos mucho. Simplemente estábamos viviendo cada día al máximo. No pensábamos en los problemas ni en el mañana. Cada día era una aventura. Pero duró poco, porque después tuve que regresar a Honduras.

Volví a Honduras e inmediatamente empecé a trabajar en una empresa de mi familia, junto con mi hermano. Mi trabajo básicamente era hacer cotizaciones, y no mucho más que eso. Al igual que antes, me la pasaba aburrida, jugando al solitario en mi computadora. ¡Recuerdo que mi hermano entraba en mi oficina y me atrapaba jugando!

En esa época, mi padre me llamaba y me decía: "Podrías ir viendo ideas o buscando franquicias para que montes tu negocio aquí...". Y entonces yo me ponía a buscar en internet durante horas. Un día, encontré una franquicia canadiense de maquillaje y me emocioné mucho. ¡Guau! Pensar en tener una tienda y pasar todo el día vendiendo cosméticos era algo que me emocionaba muchísimo.

Me fui a Canadá con mi cuñada. Nos enamoramos de la franquicia y de la idea de tener un negocio propio. Lo montamos con el apoyo de mis padres. Muy emocionadas, abrimos la tienda y pronto inauguramos una sucursal en Tegucigalpa, que es la ciudad donde vivo con mi esposo e hijos actualmente. Tuvimos las tiendas por más de diez años. Todo ese tiempo fue de mucho aprendizaje. Aprendí a pensar en las necesidades de los demás, aprendí cómo atender y hablar con la gente... Aprendí a hacer pedidos, a hacer un inventario, a pagar impuestos, a pagar el alquiler y a tener empleados. Todo dependía de mí. Era bastante responsabilidad, pero gracias a Dios siempre conté con respaldo de mi familia. La tienda tenía sus meses buenos y sus meses malos, pero allí estaba, sobreviviendo.

Me casé con alguien de Tegucigalpa, por lo que me vine a esta ciudad con trabajo, ya que tenía la sucursal aquí. Eso me tenía feliz, porque tendría mi negocio y no tendría que empezar de cero. Disfruté mucho de la tienda y, realmente, no me arrepiento de haber abierto ese negocio. Mi corazón todavía siente amor cuando pienso en él. Aunque hay una parte oscura: en ese tiempo, mi mente se dejaba contaminar por las circunstancias y las personas, y debido a eso no logré conseguir ventas que hicieran prosperar al negocio. Entonces, poco a poco, fui perdiendo la pasión. La tienda me provocaba estrés en lugar de felicidad, porque mi mente estaba enfocada en pagar los impuestos, el alquiler y los sueldos de los empleados. Muchas veces tuve que poner de mi propio dinero para sobrevivir. Es duro cuando quieres algo y no logras que sea un éxito. Ahora me doy cuenta de que mi mente influyó mucho.

Entonces, con un hijo y otro en camino, decidí cerrar el negocio. Me puse una fecha para hacerlo. Fue en ese momento en el que me puse a pensar: "¿Y ahora qué? No quiero depender de mi esposo para mis ingresos...". Pero ¿cómo iba a hacer para salir adelante si no tenía trabajo? Tampoco quería trabajar con mi esposo. Las mujeres tenemos que ser independientes, y creo firmemente que, en una pareja, cada uno debe tener su espacio. Cuando pensaba sobre aquello, me puse a reflexionar en mi futuro. ¿Qué iba a ser de mí? No quería tener hijos y nada más... no quería olvidarme de mí misma, de mis intereses. ¿Solo iba a ser madre? Me sentía vacía. Me quería desarrollar profesionalmente, quería experimentar el éxito, quería ser feliz y tener ingresos. Quería tener libertad para comprarme lo que quisiera, para irme de viaje cuando quisiera, para comprarle a mis hijos lo que quisieran... quería *libertad financiera*. Pero también quería sentirme llena, sentirme libre en todo sentido y disfrutar mi vida. Sabía que era posible... Como les dije al inicio, siempre fui soñadora y no quería conformarme.

En ese momento, empecé a soñar. No sabía exactamente cómo iba a llegar a eso que quería. Solo sabía cómo quería sentirme.

Tomé una decisión comprometida, enfocada en buscar mi propio camino. Eso es algo que te recomiendo que hagas, y te prometo que te va a cambiar la vida. Por un año, dejé de hacer gastos innecesarios, como la ropa, las carteras y los zapatos, y empecé a invertir en mí, en mi desarrollo personal. No gasté ni un centavo en esas cosas materiales por ese período de tiempo. Todo el dinero que tenía o que me entraba lo invertía en mi crecimiento. Les prometo que, cuando invertimos en nosotros mismos, el retorno de inversión es muy grande. Tú recibes lo que tú vales. Si quieres libertad financiera, vas a tener que incrementar tu valor.

Comencé a escuchar a diferentes maestros y *coaches*, pero había un maestro en específico que me gustaba oír: Bob Proctor. Él te dice que eres un ser perfecto, con un potencial infinito, capaz de hacer lo que te propongas, y te inspira a que tomes acción inmediata. Su mensaje me llegaba directo.

Estuve varios meses buscando qué hacer con mi vida. Me empecé a cuestionar para qué era buena y qué me gustaba hacer. Llegó un punto en el que pensé que no era buena para *nada*; que no tenía ni un don, ni una virtud. Que era alguien sin nada que ofrecer. Me sentía muy triste. Pensaba que otras personas eran especiales, pero no yo. Y continué pensando en qué me gustaría hacer...

En uno de los cursos de crecimiento personal que hice, me decían que les preguntara a mis amigas qué pensaban sobre mí y qué veían en mí. Muchas veces, las personas ven cosas en nosotros que no podemos ver, porque somos muy duros con nosotros mismos. Recuerdo que, en ese momento, una amiga me dijo: "Tú tendrías que haber estudiado la carrera de Nutrición".

Esa era la época en la que me la pasaba cuidándome con respecto a lo que comía y contaba cada caloría y cada porción. Entonces, me puse a pensar y dije: "Sí, realmente es algo que me gusta. Llevo años investigando sobre salud y dietas, y aplicándolas a mi vida...". Pero no tenía certificado y no quería volver a iniciar una carrera a los 33 años. Uno de esos días, viendo Facebook, me apareció un anuncio sobre una escuela de *Health Coach* (Dios y el universo guiándome). Nunca había escuchado ese término, por lo que decidí investigar.

Allí fue cuando encontré el Instituto para la Nutrición Integrativa. ¡Guau! Me enamoré de todo lo que estaba viendo y de todas las historias de éxito. Solo se requería un año, algo que era posible para mí. Me empecé a ver como *coach*, enseñando a otras personas sobre salud. Me visualicé dando charlas... Todo eso me emocionaba, pero la idea me daba un poco de miedo. Era algo grande, algo que requería de una transformación por mi parte. Esto requería que me volviera otra persona, exigía que cambiara mi vida actual por esa nueva.

¡Decidí hacerlo! No le pregunté a nadie, no pedí el dinero a nadie, solo decidí que lo haría. Confié en que, de alguna manera, iba a poder pagarlo. La decisión se sentía bien. Estuve nueve meses pagando cuotas. En ese momento, mi tienda estaba pasando por un mal momento; no sé cómo lo hice, pero logré pagarlo. Ese año me sentí completamente llena de emoción, pensando en todo lo que me esperaba.

Estudié como nunca había estudiado antes. Me fascinaba, era un tema que definitivamente me interesaba. Seis meses después de ingresar al programa, me dijeron que podía empezar a practicar.

Fue entonces cuando decidí cerrar el spa de la tienda (la tienda de maquillaje tenía un spa, un cuartito donde hacíamos faciales). Viendo que ya no estaba dando mucho, decidí abrir mi "clínica" allí. Puse un cartel frente de la tienda que decía "Nutrición holística aquí". Pocas personas preguntaban y, en realidad, no llegó nadie por meses. Nadie sabía qué significaba el *health coaching* en Honduras, y no venían ni siquiera a las citas gratuitas que ofrecí.

Pero no dejé que eso me afectara. Seguí visualizando lo que quería en mi vida. En ese momento, me iba tempranito a la tienda a meditar en mi espacio privado y allí visualizaba a diario. Descubrí la meditación gracias al Instituto para la Nutrición Integrativa, y fue algo que me ayudó a conectarme conmigo misma y a mantener este proyecto de vida. En todo ese tiempo, no había dejado de tomar mis cursos o de escuchar audios de desarrollo personal. Te decían que, si sostienes en tu mente la imagen de lo que quieres, tiene que pasar, por ley. No sabemos cuándo sucederá ni cómo, pero las cosas ya están encaminadas. Así que tuve fe y confié en que ese fracaso es parte del proceso y en que ya pronto vendría lo que visualizaba.

Yo estaba haciendo dos cosas: por un lado, cursos de desarrollo personal y, por otro, el programa que me daría mi certificado de *health coach*.

Los programas de crecimiento personal eran una adicción. Era lo que me impulsaba a hacer las cosas que no quería y a mantenerme firme. A pesar de haberme certificado como *health coach*, tenía miedos, tenía excusas y no me sentía preparada. Sin embargo, escuchar a Bob Proctor me estimulaba a pasar esa barrera de terror. Gracias a sus mensajes pude abrir mi página en redes sociales. ¡Hasta eso me daba miedo! Cerré la tienda y empecé a hacer *coaching* en línea, a ofrecer recetas, a tener citas presenciales... Entonces fueron llegando los clientes y, poco a poco, empecé a ver los resultados que quería. Unos años después de comenzar como *health coach*, decidí asistir a uno de los eventos de Bob Proctor en Los Ángeles, California. Estuve tres días en el famoso *Paradigma Shift*. Ese evento tuvo un impacto emocional en mí, y me hizo darme cuenta de que quería más para mi vida y que había más cosas que podía alcanzar. Que todos los bloqueos que tenía venían de mi paradigma.

En ese evento, me di cuenta de que un cambio de salud (o cualquier cambio en nuestra vida) tiene que llegar hasta el subconsciente, porque este es el que controla entre el 96% y el 98% de los resultados de nuestras vidas. Si no hacemos los cambios a nivel subconsciente, no serán permanentes. Me encantaba ese tema, así que me devoraba los audios y programas de crecimiento personal. Después de ese fin de semana, regresé a mi casa dispuesta a ser consultora del Proctor Gallagher Institute. ¡Consultora para Bob Proctor! ¡Guau! Unos años atrás, eso me habría sonado imposible. Sentía mucho, mucho miedo, porque eso requería una fuerte inversión (nuevamente me había metido en algo sin tener el dinero), pero algo me decía que era el camino que debía seguir.

Ser consultora requería otro año de preparación y estudio, pero mi alma saltaba de emoción. Iba a estudiar y entrenarme con una de las mejores mentes, un experto que había cambiado la vida de miles de personas. Les dije a unas cuantas personas lo que estaba haciendo y no creyeron en mí. Me decían que era algo loco, que nadie iba a querer participar en un programa de ese tipo. Me decían que ya tenía reconocimiento como *coach* de salud y que no tenía sentido que lo abandonara. Pero, en realidad, no lo estaba dejando: podía hacer ambas cosas. Gracias a la mentoría y a mi mente súper enfocada, no hice caso y seguí adelante. Me iba a llevar tiempo, porque tenía miedos y dudas. Al inicio, dejé que los miedos tomaran el control. Era un tema nuevo, era un programa costoso que yo estaría ofreciendo… Además, me decían que en Honduras las personas todavía no estaban listas…

Pero lo logré. Ahora tengo clientes y sus resultados son fenomenales. Ver a otros cambiar sus vidas, así como lo hice yo, es mi propósito. Quiero ayudar a las personas a darse cuenta de que son creadores de sus vidas y los únicos límites que tienen son los que ellos mismos se han puesto. Me encanta trabajar desde adentro, porque sé que de esa manera los resultados serán permanentes.

Ahora, aquí, estoy ejerciendo ambas cosas. Soy *coach* de salud integral y también de crecimiento personal. Mis dos pasiones. Jamás en mi vida me he sentido tan llena con mi carrera. Claro que me tomó tiempo llegar aquí, pero ha valido la pena el esfuerzo, el tiempo y el dinero que he invertido en mí. Cuando amas lo que haces, no lo sientes como un trabajo. Disfruto mucho de mis días, de poder ayudar a las personas con mi mensaje y de verlos hacer cambios en sus vidas. Algo que tengo que mencionarles es que, originalmente, me visualizaba trabajando menos horas al día, porque quería disfrutar a mis hijos. Mi empleo me permite trabajar desde casa si quiero, irme de vacaciones cuando quiero o regresar a mi casa a la hora que quiero. Tú también puedes encontrar algo que te permita tener esa libertad de tiempo. Ese es otro tema importante. Tener balance en nuestra vida y carrera es poder tener tiempo para nosotros mismos, nuestra familia y la casa, y no solo el trabajo. Un área fuera de balance puede descontrolar a las demás.

Me encanta ver mi transformación y sentir que puedo lograr lo que me proponga. Yo, a mis 33 años (aunque era joven), sentía que ya estaba mayor para iniciar de nuevo. Muchas veces nos da miedo empezar desde cero o darle una nueva dirección a nuestra vida, porque sentimos que no podemos, que ya es muy tarde o que necesitamos otra carrera; nos ponemos miles de excusas. La verdad es que podemos darle otra dirección a nuestra vida a cualquier edad. Creo que esto es algo esencial. En estos años he conversado con muchas personas que no están viviendo, que están simplemente existiendo. No les llena su carrera y les da miedo comenzar una nueva aventura. Pueden vivir esos miedos por el resto de sus vidas y eso es triste, porque no estamos aquí, en este mundo, para conformarnos. Estamos aquí para expresarnos constantemente, cada vez más y mejor.

No nos acoplemos a un trabajo o a una carrera que no nos satisface. Ya que te pasas la mitad del día en el trabajo, ¡*mejor que sea algo que te dé vida!* Yo siempre pregunto: "¿Te gusta lo que haces?", y muchas veces me contestan con un simple: "Sí... me gusta". Pero siempre hay una pausa y hay cierta deshonestidad. Creo que la respuesta más honesta que podrían darme, en esos casos, es: "No me molesta y me ayudar a tener ingresos". Pero eso no es en realidad disfrutar lo que haces, es conformarte con hacer algo solo porque te da ingresos y porque no te has tomado el tiempo de ver qué más hay para ti. Nos volvemos tan cómodos en nuestros trabajos, en lo conocido, que ya ni pensamos en otras posibilidades. Sabes que alguien está en el trabajo correcto cuando dice: "¡Yo *amo* lo que hago!", ¡y se les nota! ¡Hasta les brillan los ojos!

Hay una ley básica del universo que dice que, si no estamos constantemente creando, nos estamos desintegrando. Eso es lo que veo al mirar a personas frustradas en su trabajo: veo personas que, poco a poco, se están desintegrando. Muévete siempre hacia la dirección que tu corazón anhele. Nuestro trabajo nos tiene que dar vida, tenemos que levantarnos con emoción, porque estamos trabajando en algo; nuestro trabajo tiene que tener un significado para nosotros y los demás.

Tiene que despertar la creatividad en nuestro interior y darnos la energía para hacerlo. Muchas personas viven sus vidas sin energía y tratan de mejorar este aspecto comiendo mejor, tomando café, probando algún suplemento... pero la energía es algo que expresamos, algo que viene desde adentro. ¿Te pasa que no tienes energía para ir a trabajar, pero sí tienes energía para ver a tus amigas o para hacer algo que te gusta? La energía la sacamos cuando hacemos cosas que nos llenan y nos emocionan.

Pregúntate si eres de esas personas que se la pasan deseando que sea viernes, porque detestan su vida toda la semana y solo disfrutan verdaderamente el fin de semana, el único rato en que no tienen que enfrentar su realidad. ¡Tu vida es de lunes a domingo! ¿Estás dispuesto a vivir todos los días de tu vida así? ¿No te gustaría encontrar tu propósito? Cada uno de nosotros vino a este mundo a expresar su identidad única. Tenemos que descubrir qué es eso que nos llena el corazón de alegría, aquello que podemos estar haciendo durante horas, eso que nos hace perder la noción del tiempo...

Permítete soñar, cuestiona todas tus creencias y cuestiona tu vida. Tú puedes hacer cambios, tú tienes el control y nadie más. Es posible que, por la influencia de los demás, hayas terminado por estudiar una carrera que no te llena, pero es tu responsabilidad hacer algo al respecto.

Escribiendo este libro, me he dado cuenta de que yo tiendo a no hacerles caso a las personas a la hora de tomar mis decisiones. Todos los cambios que logré y todas las cosas positivas que he hecho en mi vida han sido porque *no* he escuchado a las demás personas. De lo contrario, no estaría haciendo nada de lo que estoy haciendo actualmente. Me siento feliz por eso.

EJERCICIO DE REFLEXIÓN

Quiero que despiertes ese deseo tan intenso para ti. Lo puedes hacer usando tu imaginación, y de esa forma podrás salir del conformismo. Pregúntate lo siguiente:

1. ¿Tienes un trabajo que te llena completamente, un trabajo que no cambiarías por nada del mundo?
2. Si no lo tienes, ¿qué te encantaría hacer?
3. ¿Cómo te gustaría pasar tus días?

4. ¿Qué es lo que siempre has querido hacer, pero nunca te has atrevido?
5. ¿Qué es lo que puedes pasar horas haciendo y te encanta?
6. ¿Cuántas horas te gustaría trabajar al día?
7. ¿Alguna vez has visto algo en cierta persona y has dicho: "Me encantaría hacer lo que hace él, pero tal vez en otra vida"? ¿Puedes identificar un momento así?
8. ¿Cuáles son tus fortalezas? ¿Qué es lo que haces con tanta facilidad que das por sentado que lo harás bien?

Tómate el tiempo para responder estas preguntas. Si no lo haces ahora, no lo harás nunca.

CAPÍTULO 4
CONFIANZA EN TI MISMO: LA BASE PARA TU LIBERTAD

No sabía que el desarrollo personal era un mundo completo. Pienso que o bien estás viviendo de acuerdo a lo que hacen las masas, haciendo lo mismo una y otra vez, sin hacer cambios en tu vida o, por el contrario, estás en el mundo del desarrollo personal, trabajando continuamente por mejorar tu vida. Todavía recuerdo el primer curso online que realicé, llamado *Winners Image*. Era sobre la autoimagen y la confianza en uno mismo. Cuando me casé, mi inseguridad era muy fuerte, y se estaba poniendo peor. De pequeña, siempre me habían dicho que era tímida, algo que terminé aceptando como parte de mi personalidad. Empecé a actuar de forma tímida en ciertas situaciones. En la escuela, nunca levantaba la mano para participar. Mis profesores, al igual que mi madre, decían que yo era "uñas escondidas", porque no hablaba para participar ni aportar en clase, pero sí hablaba para divertirme con mis amigos. Con mis amigos siempre fui libre, siempre fui yo. Muchas veces me tocó hacer presentaciones y los nervios no me dejaban comunicar bien el mensaje; se me olvidaba todo. Era algo raro, porque cuando me tocaba organizar un show de talentos, un baile o algo de ese estilo, yo lo podía hacer: bailaba, modelaba y participaba sin ningún problema, ¡y me encantaba! Pero a la hora de estar alrededor o frente a otras personas, no era así.

Algo más que creo que afectó mi autoestima fue que, de pequeña, mis familiares cercanos me decían que callara, que solo decía tonterías, que me reía muy escandalosamente y que mejor no hablara. Claro que eran personas que no tenían esa intención, pero sus palabras llegaban a mi corazón y dolían. Llegó un momento donde dejé de intentar, me resigné y lo tomé como parte de quien era yo. Se volvió parte de mi autoimagen.

Pude vivir años así, pero eso me hizo tener muchos arrepentimientos en mi vida. No poder hablar, no poder expresarme me impedía vivir como realmente quería. Llegué a la universidad y fue lo mismo: nunca participé en nada ni colaboré con mis compañeros de clase. Como eran personas desconocidas, me costaba mucho hacer proyectos en grupo, especialmente con personas que no hablaban español. Yo hablo muy bien inglés, pero muchas veces me daba vergüenza comunicarme en ese idioma. Es algo tan ridículo... Cada año que pasaba se ponía peor. Después dejé de ser tímida únicamente con adultos, ahora también me sucedía con personas de mi edad que no conocía. Era una etiqueta muy fuerte que me habían puesto de pequeña y que se iba arraigando más y más.

Por esa razón, cuando empecé a pensar en la idea de hacer algo nuevo con mi vida profesional, sabía que tenía que cambiar esa parte de mí. ¿Cómo era posible que, a mis 33 años, siguiera con vergüenza? ¿Vergüenza de qué? ¿Qué era lo que me daba miedo al hablar y ser yo misma? ¿Iba a seguir siendo esa persona a mis 40 o a mis 50 años? ¡No! No quería, y me rehusaba a seguir así. Ese fue uno de mis mayores deseos: cambiar, superarme, comunicarme, ser libre, ¡ser yo misma! Ya estaba cansada y sabía que esa etiqueta me estaba limitando enormemente en todos los sentidos.

Dicen que uno viene al mundo a vencer algo. Creo que, para mí, fue esto. Siempre tuve dos versiones de mí misma, y ya no soportaba una de ellas: la Mireya tímida. ¿Saben lo que es ir a una reunión obligada, con miedo? Recuerdo que acompañaba a mi esposo a las reuniones; todo el día, antes de ir, yo andaba con nervios, estresada, enojada y hasta me sentía drenada. A la hora de las reuniones, iba en el carro sufriendo, porque no quería ir. Llegábamos a los lugares y él quería conversar con sus amigos, y yo no podía irme de su lado a hablar con las mujeres, porque me daba vergüenza. Entraba a los lugares súper pegada a él; no quería que me soltara. Sentía que me ponía roja, toda nerviosa. Siempre me agarraba mis uñas; es como un tic cuando me pongo nerviosa. Eventualmente, alguien me llamaba y me sentaba alrededor de las demás personas, pero no decía nada, especialmente si eran círculos grandes. De repente, hablaba un poco con la persona al lado mío, pero eran conversaciones vacías, nada interesaste. Recuerdo que incluso eso me hacía sentir mal: no tener nada de qué hablar. Todo ese tiempo me lo pasaba viendo el reloj, ¡esperando la hora para irnos! Mi esposo es súper social y siempre se quedaba hasta bien tarde. Esto era muy frustrante. Luego venía la parte de regresar a casa y sentirme mal, odiarme porque no quería ser así. Pero, por más que lo intentaba, no salía nada de mi boca... Me sentía inferior, sentía que no tenía nada interesante para aportar en las conversaciones. Muchas veces, tomaba unos "traguitos" para poder hablar y relajarme. Así fue como hice muchos amigos en la universidad. Era fácil comunicarme con una o dos personas; pero cuando había tres o cuatro más, algo tomaba posesión de mí e inmediatamente me callaba. Sabía que era algo que necesitaba cambiar si quería ser libre.

Además de todo eso, yo ya era madre. No quería que mis hijos me vieran así. Tus hijos terminan emulando muchos de tus comportamientos. Quería ser la mejor versión para ellos y para mi esposo.

Fue entonces cuando decidí tomar cartas en el asunto. Hice mi primer curso sobre autoimagen, que duró tres meses. Decidí hacerlo al pie de la letra, ya que me requería ser disciplinada y estar enfocada. Ese programa fue poniendo ideas nuevas en mi mente, fue cambiando la manera que tenía de verme a mí misma y lo que era posible para mí. Ese fue el curso que me impulsó a ser *coach*. Quiero decirte que, si nunca has leído sobre crecimiento personal ni has realizado algún curso... es posible que sigas un poco dormido.

Despierta... La vida no es lo que piensas. Tenemos una serie de creencias e ideas en nuestro subconsciente que están controlando los resultados de nuestra vida. Si no te das cuenta de que son tu programación y tu condicionamiento los que te controlan, entonces nunca vas a lograr los resultados que quieres en tu vida.

Ese curso fue el primero que hice, y también uno de los más baratos. Quería más. Empecé a invertir más. Mi obsesión por este material se hacía cada vez mayor. Me pasaba estudiando o escuchando audios de crecimiento personal entre tres y cuatro horas al día. Escuchaba a varios maestros y expertos en la ley de atracción, las leyes universales y el desarrollo personal. Esa era la rama del crecimiento personal que me interesaba: era la magia, era lo diferente, era la idea de que cada uno de nosotros es creador de nuestra vida. Creo que es información que deberían darle a todos los padres y a todos los hijos, ¡a todo el mundo! La mente debería ser una materia completa en las escuelas. La mente es poderosa y es la que me ha llevado a donde estoy ahora.

Paul Martinelli, en su obra *Levels of Awareness*, identifica *los 7 niveles de consciencia*. Cuando descubrí esta clasificación me llamó mucho la atención.

1 - Como podrás ver, el primer nivel de la pirámide es *animalista*: solo están las reacciones para la supervivencia. Estas son las personas que viven en extrema pobreza, tratando de sobrevivir el día a día. Aquí hay poco pensamiento. Este es el nivel en el que se encuentra una persona cuando permite que los contextos y las diferentes realidades dicten cómo deben reaccionar.

2 - El siguiente nivel tiene relación con *las masas*. En esta fase, un individuo se preocupa más por lo que los demás piensan de él. Esta persona no elige conscientemente las cosas que quiere. Preguntan a los demás qué creen que deberían hacer con su vida, con los problemas, el dinero o el trabajo. Yo misma me encontraba aquí antes de empezar en el mundo del crecimiento personal. Seguía a la normalidad, a lo que se esperaba de mí, a lo que los demás estaban haciendo, a lo que era lógico. En esta fase, estás viviendo en la zona de confort y no eres más que un seguidor.

3 - El tercer nivel es la *aspiración*. Aquí es cuando empiezas a soñar, a querer más para ti, pero todavía no pasas a la acción. Empiezas a despertar y quieres separarte de las masas.

4 - Luego viene el nivel *individual*, que es cuando te das cuenta de que eres único y que quieres expresar esa singularidad. Llegar aquí es bello: te sientes bien, te sientes capaz; la comparación y la envidia van desapareciendo, porque sabes que no puede haber nadie como tú... De nada sirve querer ser otra persona, porque nunca vas a lograrlo. Abraza tu singularidad, porque es perfecta y tiene su belleza. En este nivel, empiezas a reconocer que eres una persona valiosa y asombrosa, capaz de hacer cosas asombrosas. Pero este nivel, por sí solo, no es suficiente. El nivel individual es incuestionable y totalmente dependiente del quinto nivel.

5 - El quinto nivel es *disciplina*. Aquí es cuando te das una orden y la cumples. Ya sabes que tú eres el que tiene control y que la única persona que se ve afectada por no tener control eres tú. Sabes que tu disciplina te va a llevar a los resultados que quieres.

6 - El sexto nivel de la pirámide es la *experiencia*, que es donde realmente estás aprendiendo del mundo y estás adquiriendo herramientas que te llevan a una mejor vida. En este punto, sabes que todo viene desde adentro. Cuando miras dentro de ti, Dios te da las ideas y las personas que necesitas para lograr tus deseos. Tenemos un mundo maravilloso de poder, posibilidades y promesas que está dentro de nosotros. Porque, dentro de nosotros, está la mente, y la mente es la causa creativa de todo lo que ocurre en la experiencia y en nuestras vidas.

7 - El último nivel es *mastery*, y es donde tienes control sobre ti mismo. Las circunstancias no te afectan y ya sabes todo lo que puedes crear con tus facultades mentales superiores, que son la imaginación, la intuición, la percepción, la razón, la voluntad y la memoria. Ya no estamos controlados por los patrones habituales que han creado nuestros paradigmas. Nuestras mentes están muy tranquilas. Sabemos que, cualquiera sea el desafío o la adversidad, recibiremos la respuesta necesaria a la pregunta que nos hacemos. Es en el silencio y en la tranquilidad donde escuchamos las respuestas. Esta es una forma muy diferente de vivir, especialmente en estos tiempos difíciles.

Observa estos niveles y pregúntate, honestamente, dónde te encuentras. No te dejes llevar por lo que están haciendo las masas, ¡sal de allí!

Cuando yo empecé a experimentar cambios en mi vida, fue cuando dije: "Quiero ayudar a las demás personas a que se conozcan a sí mismos, a que sean seguros...". Los miedos que vienen de la inseguridad, como el miedo al fracaso, el miedo a cometer errores, el miedo a tomar decisiones, el miedo al qué dirán y las opiniones de los demás, son un impedimento demasiado grande. Si yo iba a ayudar a las personas, este era uno de los temas que quería compartir. Nuestra inseguridad también viene de no conocernos, de no saber qué queremos, qué nos gusta, de no sentirnos capaces, porque estamos haciendo algo que no es para nosotros. Como dijo Albert Einstein: "Todo el mundo es un genio, pero si juzgas a un pez por su capacidad para trepar a un árbol, vivirá toda su vida creyendo que es estúpido". Lo mismo nos pasa a nosotros, porque hacemos cosas que no nos interesan y, en consecuencia, pensamos que no somos buenos en nada. Descúbrete y descubrirás tu genialidad.

Otro consejo que te diría es que te aceptes. Mira las cosas buenas que tienes: tus fortalezas, no tus debilidades. Son tus fortalezas las que te llevarán al lugar al que quieres ir. Deja de trabajar en tus debilidades, a menos que realmente las quieras cambiar. Eres perfecto. Eres único.

Una de las formas en las que comencé a creer en mí misma fue cuando pasé a la acción y empecé a hacer las cosas que me incomodaban. Hacer cosas para romper el patrón. Tú puedes hacer cosas sencillas como participar en lo que normalmente no participas o empezar a hablar en las reuniones. Pero lo que más me ayudó fue crear una nueva versión de mí misma. Richard Buckminster Fuller dijo: "No puedes cambiar peleando con la realidad actual, tienes que crear un modelo nuevo que convierta al viejo en obsoleto".

Eso fue lo que hice. Creé un nuevo modelo de la persona que quería ser. Cómo quería verme, cómo quería hablar, qué quería hacer, qué tipos de relaciones quería tener...

Me enfoqué tanto en ese nuevo modelo... Lo vivía todos los días en mi imaginación... hasta que un día se hizo realidad. El viejo modelo de mí misma despareció. Quiero recordarte el deseo intenso que tienes que tener para poder llevar a cabo el cambio. Tu deseo de crecer tiene que ser más grande que tu miedo.

Vas a cambiar tu vida actual por una nueva. Esa vida nueva requiere nuevos hábitos, comportamientos, pensamientos, amigos... ¡todo nuevo! Yo estaba lista y estaba emocionada. ¡Por eso lo logré!

Yo me visualizaba siendo *coach*, dictando talleres y charlas, comunicando bien mi mensaje, expresándome como quería. Me veía rodeada de personas trabajadoras y exitosas. Me imaginaba ganando cierta cantidad de dinero, porque el dinero sí es importante. Todo lo que alguna vez me había parecido imposible o un sueño lo estoy viviendo en este momento. Pero ahora que me está sucediendo, siento que quiero mucho más. Claro que, para llegar a tener más, se requiere más seguridad en uno mismo y una nueva versión. Pero estoy dispuesta a crear esa nueva versión, trabajar a diario para convertirme en ella. Te deseo lo mismo a ti.

Empecé a tomar consciencia de lo que me decía a mí misma y a los demás. Estas son afirmaciones que surgen a partir de un diálogo contigo mismo. Las afirmaciones son aquellas palabras que nos repetimos con emoción y que creemos que son ciertas. Estas pueden ser positivas o pueden ser negativas. Las afirmaciones positivas se usan para crear cambios positivos en nosotros mismos. Cuando las repites con frecuencia y crees en ellas, puedes comenzar a vivirlas. El problema es cuando usamos afirmaciones negativas y no nos damos cuenta. Muchos de mis clientes, antes de iniciar su proceso de transformación conmigo, me dicen afirmaciones negativas sobre ellos mismos, sin darse cuenta de que, al hacer esto, están fortaleciendo esas palabras y esto hará que sus vidas continúen siendo iguales.

"No soy disciplinada", "No termino nada de lo que empiezo", "Soy una tonta", "Estoy gorda". Estos son ejemplos de afirmaciones que nos decimos todos los días, sin ser conscientes de lo que nos provoca. Lo podemos decir hasta con orgullo. Pero ¿por qué hacemos esto?

Yo era igual. Me repetía cosas negativas sobre mí misma todo el tiempo, y a muchas personas se las comentaba. Recuerdo que, cuando vivía a dieta, la gente me decía: "Mireya, ¡te veo delgada!". Y yo, en vez de aceptar el comentario, les respondía: "¡No! Estoy gorda, por eso estoy a dieta".

Claro que, al hacer esto, me mantenía en ese ciclo. Este es un tipo de diálogo interno que es un reflejo de experiencias pasadas y evaluaciones de ti mismo que crees que son ciertas (incluso si no lo son). Tuve que empezar a tomar consciencia de las cosas que me repetía y cambiarlas para transformarlas en algo positivo.

Puedes optar por dejar que el diálogo interno negativo continúe en piloto automático o puedes optar por cambiar la narrativa.

Decide creer en ti mismo. Hazte cargo de tu propio concepto y creencias de ti mismo. Con suficiente diálogo interno positivo y visualización positiva combinados con mentoría, *coaching* y práctica adecuada, cualquiera puede aprender a hacer casi cualquier cosa. Debes elegir creer que puedes hacer cualquier cosa que te propongas. Puedes: es un hecho.

EJERCICIOS

1. Define tus etiquetas. Escribe: "Yo soy..." y completa la frase con esos adjetivos que crees que te describen.
2. ¿Cuál o cuáles de esas etiquetas estás dispuesto a cambiar?
3. ¿Quién quieres ser?
4. ¿Cómo te quieres sentir?
5. ¿Qué crees que tienes que te hace especial y único frente a todos los demás?
6. Si pudieras crear un nuevo modelo de ti mismo, ¿cómo sería? Escríbelo aquí detalladamente, como si lo estuvieras viviendo en el presente.

Capítulo 4 - Confianza en ti mismo: la base para tu libertad

CAPÍTULO 5
ESPIRITUALIDAD: ¿CONECTADO O DESCONECTADO?

La gratitud es la base de mi espiritualidad. La gratitud fue la que me ayudó a sentirme conectada con Dios. Mi manera de ver a Dios ha cambiado mucho. De pequeña, siempre veía a Dios como alguien que estaba fuera de mí. Alguien inalcanzable, con el que no podía hablar. Simplemente tenía que portarme bien para ir al cielo. Pensaba tanto en que todo lo que hacía era malo, y que constantemente estaba pecando, que eso me hacía sentir desconectada y no merecedora de poder hablarle a Dios. Siempre le pedía mucho a la Virgen María, a quien veía como protectora.

Recuerdo que mi abuela Anita me hablaba mucho de la Virgen, y me decía que, cuando yo fuera grande, le tenía que pedir un esposo con todas las cualidades que yo quería y ella, con seguridad, me lo daría. Yo tomé ese consejo y me lo llevé conmigo hasta que llegó el momento de usarlo.

Cuando ya había regresado de la universidad a Honduras, y ya estaba cansada de salir de fiesta, decidí que era hora de pedirle a la Virgen que me diera un buen esposo. Todas las noches antes de irme a dormir le pedía a la Virgen un esposo con ocho cualidades específicas. Mi fe era profunda; yo sabía que pronto llegaría y lo único que tenía que hacer era esperar. Para mí, no había ninguna duda acerca de que la Virgen cumpliría mi deseo, porque mi abuela me lo había dicho y ella no mentía. Lo pedía y, con fe de que vendría en su momento, lo dejaba ir. Yo no andaba buscando señales o saliendo de más para conocerlo, yo tenía una fe verdadera de que vendría. A los meses, conocí a mi esposo en una discoteca. Recuerdo que esa noche no quería salir, pero algo me decía que saliera. Así que seguí mi intuición y me lo encontré allí. Él acababa de llegar de una boda y yo llegaba de celebrar el cumpleaños a alguien. Esa noche, me invitó a comer el día siguiente, y allí fue cuando empezamos a conocernos y salir. Él tenía exactamente las ocho cualidades que yo le pedía a la Virgen, cada una de ellas, con todos los detalles. Tal era así, que yo me sorprendí mucho y pensé que no podía ser real. Pero era real, y a los años nos casamos.

Te cuento esta historia para que hablemos de la fe. En mi mente no había ni una sola duda de que Dios y la Virgen iban a cumplir mi deseo. Yo no estaba preocupada, ni pensando: "No veo a nadie, ¿por qué no aparece? ¿Por qué no viene?". *No, nada de eso*. La mayoría de la gente dice que vive con fe, pero realmente las personas dudan y viven con miedo. Tengo varias historias como esta, pero no en todas las ocasiones tenía esa misma fe. En la historia de cómo conocí a mi esposo influyó el hecho de que mi abuela Anita había sembrado esa semilla en mi mente y yo le había creído firmemente. Pero también anhelé profundamente otras cosas, como poder pagar todas las deudas que tenía en mi tienda; sin embargo, al pedir por ello, lo hacía con dudas y preocupaciones, con los pensamientos consumidos por el miedo. Eso no era fe. Y hay dos maneras de vivir: con fe o con miedo.

Ahora he vuelto a vivir con fe, pero basada en el conocimiento. De vez en cuando, me aparecen dudas y preocupaciones, pero inmediatamente trato de cambiar mi enfoque. Dios realmente nos da lo que queremos, pero tenemos que usar nuestra imaginación para pedir con fe y dejarlo ir.

El momento en el que empiezo a considerar las dudas y los miedos, ya sé que no estoy viviendo con fe. Con todo esto, llegué a entender muchas cosas, llegué a conocer a Dios, trabajando en mí misma. Creo firmemente que estamos siendo guiados todo el tiempo y que el universo conspira a nuestro favor. Pero, para poder conectarnos con Dios, tenemos que estar presentes, salir del piloto automático y darnos momentos del día para escucharlo. Las cosas grandes que nos pasan en esta vida son para hacernos crecer, para movernos en otra dirección y para hacernos valorar lo que ya tenemos.

Hay tres hábitos que he aprendido y se han vuelto parte de mi vida. Con ellos, Dios siempre me responde. Te los comparto:

1. La gratitud

Todos los días ves personas que tienen vidas maravillosas y personas que podrían mejorar. Los que podrían tener una mejor vida tienen algo en común: carecen de gratitud. Su falta de gratitud les impide recibir más y no están agradecidos por lo que ya han recibido. Sus pensamientos están enfocados en lo que les hace falta y no en lo que ya tienen o lo que es posible para ellos.

No puedes tener más si no aprecias lo que ya tienes. No importa lo mala que sea tu vida, siempre hay algo por lo puedes estar agradecido. Cuando encuentres un motivo para estar agradecido, tu vida mejorará. Así me pasó a mí. Pasaba mucho tiempo quejándome, viendo todo lo que *no* quería, lo que no estaba funcionando, lo que no estaba comparándome, criticando a los demás... Quejarme todo el día y ver lo malo de las cosas ya era parte de mi actitud. Cuando comencé a cambiar esa parte de mí, mi vida empezó a cambiar.

Todo es creado por nosotros y podemos cambiar todo lo que hemos creado, para bien o para mal.

Si quieres que tu vida mejore en todas las formas posibles, si quieres más dinero, si quieres relaciones increíbles y amorosas, si quieres ser feliz y exitoso, todo lo que tienes que hacer es estar *agradecido*.

La gratitud crea abundancia. Quejarse crea pobreza. Empieza a agradecer todo. Puedes agradecer por cosas que aún no tienes, con fe, porque ya vienen en camino.

Como dice Neale Donald Walsch en *Conversaciones con Dios: Un diálogo poco común*: "Cuando agradeces a Dios de antemano por lo que eliges experimentar en tu realidad, reconoces que está ahí, ya está hecho. El agradecimiento es, por tanto, la declaración más poderosa a Dios; una afirmación que incluso antes de que me preguntes te he respondido. Por lo tanto, nunca supliques, aprecia".

Agradece por lo que no tienes y llegará a ti. Agradece por lo que te hace falta y lo recibirás. Reconoce cada cosa linda que te sucede o que tienes. Si disfrutaste de tu almuerzo, si obtuviste un descuento, si pasaste una tarde hermosa con tus hijos... reconócelo y da gracias. ¡Aprecia, aprecia y aprecia! Esto incrementa lo que ya tienes. El sentimiento es muy importante cuando estás agradeciendo. Realmente tienes que sentirlo, porque sin sentimiento solo hay palabras. La gratitud tiene que volverse un hábito y debes implementarla desde el momento en que te levantas y empiezas a ver todas las bendiciones que te rodean.

Hay muchos beneficios que puedes experimentar a partir de ser agradecido: eliminas la negatividad, reprogramas tu cerebro para enfocarte en lo bueno, te sana en todo aspecto, te hace más feliz, activa la ley de la atracción y puede mejorar tus relaciones. ¡Hazlo un hábito hoy! Empieza a practicar la gratitud en las mañanas. Puedes escribir 10 cosas por las que estás agradecido. Incluye unas cuantas que no se hayan cumplido todavía. Pero recuerda: *tienes que sentirlo realmente*.

2. La meditación

Esta fue otra práctica que me ayudó a conectarme con Dios. Siempre vi la meditación como algo difícil, algo que no era para mí. Parte de mi personalidad consiste en que me desespero mucho para hacer ciertas cosas, incluso cosas como ir a un salón de belleza. No me gusta estar horas allí, siento que estaba perdiendo mi tiempo. O, por ejemplo, cuando conversaba con las personas... A mí no me gustan las charlas vacías, me gusta ir al punto: "Dime para qué me estás llamando y qué necesitas". Sé que puede sonar antipático, pero no creo en perder tiempo. Ahora he mejorado mucho en este aspecto. Entonces, para mí, estar sentada sola con mis pensamientos me parecía imposible. Decidí intentarlo, porque lo vi en mis estudios del Instituto para la Nutrición Integrativa, y también lo recomendaban mucho en el mundo del crecimiento personal.

Empecé a hacer meditaciones guiadas que encontraba en YouTube. Al principio no sentía muchos beneficios, pero fui encontrando meditaciones que realmente me llegaban, que realmente me movían. La meditación me ayudaba a poner un freno a mis pensamientos, que estaban en piloto automático; y, por unos minutos, mi enfoque estaba puesto en lo que estaba escuchando desde mi interior. Esto me ayudó a calmarme y a reflexionar sobre mi vida, a ser más consciente y estar más presente. La meditación te trae al presente y te conecta con tu intuición. Dicen que la intuición es Dios cuando nos habla. Yo lo tomé así, y empecé a sentir que Dios me hablaba y me guiaba. Pónganse a pensar: no es un error que Dios elija hablarnos dentro de nuestras propias mentes. Es la comunicación más íntima posible. Al meditar, dejas el ruido y tu ocupada vida para escucharlo y recibir sus respuestas. Después de una meditación con tu mente calmada, puedes recibir direcciones y respuestas. Había otras veces que usaba ese tiempo de meditación para visualizar mi futuro. Todavía lo hago. La visualización es algo primordial en mi vida, sé que es importante para llevarme donde yo quiero. Poder imaginar el futuro que quieres es esencial para ir creando tu vida, porque te ayuda a conectarte con el sentimiento. Las emociones son las que llegan a tu subconsciente y, con la repetición, puedes internalizar estas emociones para empezar a verlas en tu mundo exterior. Muchas personas no saben lo que quieren experimentar, sentir o vivir. Al hacer visualizaciones, puedes ponerte en ese espacio y sentir lo que ocurriría al cambiar tu vida. Esto te va a dar claridad. Sin claridad, es más difícil que las cosas buenas que quieres se lleven a cabo.

3. Dar más de ti

Antes de entrar en el proceso de transformación, mi enfoque siempre estaba puesto en: "¿Qué voy a recibir? ¿Me conviene o no? Te lo daré si tú me das algo a cambio". Algo que me ayudó a cambiar esto fue leer sobre la ley de causa y efecto. Todo lo que das al mundo, regresa. Entonces, nuestro enfoque debería de estar puesto en dar y no deberíamos preocuparnos por lo que vamos a recibir, ¡porque es seguro que lo vamos a recibir! Cuando me volví *coach*, tuve que interesarme por los demás. Debí dejar a un lado mi parte egoísta, en pos de ayudar a los demás.

Al principio era difícil. Yo quería crear el hábito de volverme una persona generosa en todos los aspectos, porque no lo era. Era algo egoísta, lo admito. Había leído que, al principio, había que forzar el comportamiento y que, probablemente, iba a estar pensando en lo que iba a recibir a cambio. Así me pasó al comienzo, pero seguí y seguí. Empecé a dar mi tiempo, a dar mi dinero, a dar más amor, más regalos... Pero un día dejé de pensar en qué iba a recibir. Estaba disfrutando hacerlo, me sentía bien y veía que las personas estaban felices, y eso me hacía sentir aún mejor. Estaba ayudando, estaba haciendo feliz a otras personas. ¡Qué satisfacción tan grande! El momento en que se volvió un hábito y dejé de pensar en recibir fue el momento en que comencé a vivir una vida abundante en todos los aspectos. Mi negocio mejoraba y mis relaciones también. Sentía que, durante toda mi vida, me había estado perdiendo de ser así y experimentar la abundancia. Cuando nos olvidamos de nosotros, nuestro enfoque cambia completamente.

Todo esto me ayudó a acercarme más a Dios y a sentirme conectada con Él. Ya no era alguien fuera de mí, sino que era alguien que estaba conmigo todo el tiempo, alguien a quien yo tenía acceso y que me contestaba. Comencé a sentir su amor, especialmente cuando practicaba la gratitud. Confiaba en que Él me daría todo lo que yo le pidiera.

El autocuidado espiritual es uno de los mejores aliados de nuestro bienestar.

Pregúntate: ¿vives con fe o vives con miedo? Analízalo con honestidad. Si vives con fe, deberías vivir en paz, con calma y apreciación todos los días.

EJERCICIOS

Quiero recomendarte 3 pasos para que pongas en práctica en relación con estos tres hábitos de los que te hablé:

1. Empieza a adoptar una actitud de gratitud. Consíguete un cuadernillo y ocupa un momento de cada día, preferiblemente por la mañana, para escribir cosas por las que estás agradecido. Pero tienes que sentir *realmente* lo que estás escribiendo. Entre más larga la lista, mejor. Puedes incluir tanto cosas que todavía no han llegado como cosas que ya están contigo. La gratitud ayuda también a que acostumbres a tu mente a ver lo positivo de las cosas y a no darle energía a lo que no está funcionando.

2. Medita. No lo rechaces si nunca lo has probado, no puedes criticar algo que no conoces. Si la meditación no es una práctica en tu vida y te gustaría comenzar con ella, te recomiendo que busques meditaciones guiadas. No tienen que ser largas. Puedes hacer meditaciones de 10 minutos, o puedes extenderte a 30 o 40 minutos. Haz lo que funcione para ti en este momento. No hay reglas para meditar. Dale tiempo a esta nueva práctica.

3. Empieza a dar más de ti, en todos los sentidos. Cada día, pregúntate: "¿Cómo puedo ayudar a alguien hoy?". Cada noche, pregúntate: "¿Cómo he servido a alguien hoy?". Haz un hábito pensar en dar siempre: en tu trabajo, en tu casa, en tu comunidad.

CAPÍTULO 6
RELACIONES: ¿TE DAN VIDA O TE LA CONSUMEN?

¿Te llenan tus relaciones? ¿Cómo estás en este aspecto? Esta es una de las áreas más importantes de nuestra vida, por dos razones fundamentales. La primera razón es que muchas de las enfermedades que se manifiestan en nuestro cuerpo tienen que ver con las malas relaciones, aquellas que no hemos sanado, las problemáticas, las que nos quitan la paz. A veces tenemos mucho dolor y lo guardamos; suprimimos emociones, como el rencor, y estas terminan manifestándose en el cuerpo. Si tienes que perdonar, hablar las cosas y solucionarlas, hazlo. Puede ser difícil, pero es algo que tienes que hacer por tu bien.

Tenemos que entender que nuestra mente puede permanecer agobiada con situaciones no resueltas o situaciones que no nos dejan estar tranquilos. Lo que nos causó un impacto emocional toma posesión de nuestros pensamientos y no nos deja descansar hasta que nosotros le demos una conclusión. El ignorar la situación no funciona, porque las cosas se van acumulando. Perdonar significa abandonar completamente. Dejarlo en el pasado, seguir adelante. Si necesitamos sanar memorias o relaciones del pasado, hagamos el esfuerzo y busquemos la ayuda para hacerlo. Si vas a vivir bien, tienes que aceptar esto y trabajarlo. Te lo digo de todo corazón. Esta es una de las razones por las que muchas personas no avanzan en sus vidas y repiten los recuerdos del pasado una y otra vez.

La otra razón es que tus relaciones pueden determinar el éxito o el fracaso en tu vida. Dicen que tenemos que ver a las cinco personas más cercanas a nosotros. Más adelante, detallaremos cuáles son estos cinco tipos de personas. Lo importante es que estas personas influyen mucho en nuestro estado de ánimo, en nuestras decisiones y en nuestro futuro. ¿Quiénes son esas cinco personas más cercanas para ti? ¿Aportan a tu vida? Cuando hablas con ellas, ¿critican o piensan contigo en planes para el futuro? Toma nota de tus conversaciones diarias con estas personas.

Nuestras relaciones tienen que nutrirnos y llenarnos. Muchas cosas importantes en mi vida fueron a raíz de las personas que me rodeaban. Haberme ido a estudiar afuera, cambiarme de universidad, estudiar Nutrición, lanzar mi primer taller...

No sabía el tremendo impacto que esto podría tener en mí. Creo que la mayoría de mis relaciones siempre fueron personas positivas, que influenciaron de manera favorable en mi vida.

He identificado 3 tipos de relaciones que son importantes para nosotros. Las mencionaré aquí:

1. *Mastermind group* o un grupo de crecimiento

Este es un grupo de tres o más personas que se reúnen una vez al mes para hablar de sus retos y desafíos y apoyarse mutuamente para crecer. Es un equipo de desarrollo personal.

Decidí crear un *mastermind group* durante mis estudios en desarrollo personal. Como buena alumna, quería tener un grupo específico para crecer y poder hacer los cambios que necesitaba. Le pregunté a una amiga muy exitosa si le interesaba formarlo y ella inmediatamente me dijo que sí y me comentó que llevaba tiempo pensando en armar uno. Ella formó el grupo, ya que yo no conocía a muchas personas que quisieran trabajar en su emprendimiento. Pero nos fuimos conociendo y acercándonos, a pesar que solo hablábamos de nuestros negocios. Cuando iniciamos con ese grupo, empezó a crecer mi negocio. Hasta ese momento, había sido un *hobby*, pero, con este espacio, logré dar un salto a algo más serio, con metas para el futuro. En un año, pude incrementar mis ventas, contraté una asistente y tuve mi propia oficina. Todo lo que me había propuesto lo estaba logrando. Cuando estamos comenzando con un negocio o un emprendimiento, el camino puede ser solitario y podemos recibir información o consejos que no son buenos. Tener un grupo de mentes positivas, cuyo único propósito es ayudarte a crecer, hace que las cosas sean más fáciles. Además, un grupo así te desafía. Nos poníamos metas para lograr durante el mes y así conversarlas en la siguiente reunión; y, si no lo hacíamos, quedábamos mal, porque significaba que nos estábamos tomando el grupo en serio. Estos grupos también te ayudan a tener otras perspectivas, a tener otros contactos y a persistir en tu emprendimiento.

2. Amigos que son familia

Creo que es importantísimo tener amigos cercanos. De esos que son familia, con los que podemos hablar horas, con los que podemos ser libres, contarles cualquier cosa, reírnos sin control, hablar del pasado, desahogarnos, relajarnos. Esto es algo que siempre ha estado presente en mi vida y les puedo decir que es algo extremadamente *saludable* e *indispensable*.

Hay algo que pasa adentro de nosotros cuando nos reunimos con ellos, cuando salimos de esas reuniones sintiéndonos renovados, felices, con una sensación de bienestar. Son esas personas las que te conocen, te aceptan, te apoyan, te guían, y quieren lo mejor para ti. Son tus compañeros de vida, son los que te han visto crecer, caer, llorar, reír y ser. ¿Qué sería la vida sin ellos? Me pongo a pensar y creo que habría un gran vacío. Hay un espacio específico en nuestra vida y en nuestro corazón para ellos. Hay que apreciarlos y valorarlos.

Durante los últimos años, las mejores reuniones que he tenido con mis amigas han sido en la temporada navideña. En esa época, solemos reunirnos varias de la escuela y, además, vienen otras que están viviendo en el extranjero. Pueden pasar meses o incluso años sin que nos veamos, pero ni el tiempo ni la distancia nos quitan nuestra conexión. Comemos rico (nadie anda pensando en dietas), reímos a carcajadas contando historias de la niñez, hablamos de nuestras vidas actuales y lo que hemos vivido... Probablemente hacemos un "cuchumbo robado" para divertirnos (es un juego navideño en el que todas debemos llevar un regalo y luego coger uno al azar). Luego, nos despedimos sin saber cuándo nos volveremos a reunir. Pero ¡qué divertido es!

Estas reuniones son hermosas, pero no se pueden dar todo el tiempo. Cada una de nosotras tiene su propia vida, tenemos diferentes rutinas o vivimos en ciudades o incluso países diferentes. Pero eso no significa que perdemos la comunicación. A veces, cuando no me siento bien, cuando no tengo una actitud positiva, llamo a una de mis amigas cercanas. Sé que ellas me van a hacer reír, me van a distraer y, en cinco minutos o menos, me van a quitar el mal humor.

Necesitamos un escape de nuestra vida, de nuestro esposo, de nuestros hijos. Ellas son el escape. Creo que ayuda a mantener nuestra salud mental. No lo digo sarcásticamente, lo digo con seriedad. Quiero que te pongas a pensar... ¿qué sería de tu vida sin tus amigas? No creo en tener una vida altamente sociable, pero tampoco podemos permanecer encerradas. Necesitamos ver otras perspectivas, otras relaciones fuera de la familia.

3. La familia

La familia es la relación más importante, claro. Soy muy unida con mi familia, no solo con mis padres y hermanos, sino también con las familias de mis padres. La unión ha sido algo muy presente en mi vida familiar.

Desde pequeña, mis padres me enseñaron la importancia de estar en familia y de apoyar a la familia. Siempre hacemos reuniones grandes. No sé qué sería de mi vida sin la familia. Tenemos que cultivar esa unión familiar siempre. A su vez, siento que tengo una relación súper saludable con mi esposo y mis hijos. Es verdad que hay peleas, enojos y desacuerdos; pero, al final, siempre lo solucionamos. Lo hablamos siempre. Para que podamos lograr una relación estable y saludable, es importante que hablemos con nuestra pareja siempre y que seamos claros cuando algo nos molesta.

También se trata de respetar la relación de nuestra pareja con su familia y aceptarlos. Muchos problemas familiares se deben a que no aceptamos la familia de nuestra pareja y damos más importancia a nuestra propia familia. Pero, si queremos que ambas partes sean felices, tiene que haber un balance.

Yo me he analizado muchas veces y creo que ha sido importante para lograr una relación bonita el hecho de que yo soy muy relajada. Trato de no tomarme nada demasiado a pecho e intento dejar que las cosas fluyan. También intento no cerrarme únicamente a lo que yo quiero y trato de mirar las virtudes y los defectos de mi esposo, entendiendo que forman parte de su ser, sin intentar cambiarlo. Si las cosas no salen como yo quería o algo sale mal, pues la próxima será mejor. Muchos de los desastres en las parejas se dan porque tratamos de cambiar al otro. Creo que quien tiene que cambiar es uno mismo.

Cuando yo empecé a hacer cambios en mi vida, mi esposo también cambió. Cuando yo empecé a quererme más a mí misma, también vi que las personas a mi alrededor querían estar más tiempo conmigo. Si nos queremos a nosotros mismos, las personas a nuestro alrededor también nos van a querer. A veces, culpamos a los demás por nuestras relaciones, pero *no es así*: nosotros somos responsables.

Tenemos que vernos a nosotros mismos. ¿Qué actitud tengo hacia mi familia? ¿Me la paso criticándolos o los aprecio? ¿Veo lo malo o veo lo bueno? ¿Me comparo con otras familias o me enfoco en la mía? ¿En qué estoy pensando?

Además de estas tres relaciones indispensables en nuestra vida, Bob Proctor también menciona a cinco tipos de personas que sí o sí deben formar parte de nuestro día a día.

En primer lugar, están los *soñadores*: son aquellos que tienen grandes proyectos para su vida. Pueden estar apenas planeando estas aspiraciones, o bien ya embarcados y con un destino claro. El momento en el que se encuentren no importa. Lo importante es que se trata de gente enfocada en metas. Tienes que estar cerca de ellos, sin importar si se desenvuelven en el mismo rubro que tú. Los soñadores están naturalmente orientados al éxito en los negocios, y hablar con ellos te motivará a que te mantengas enfocado en tus objetivos personales y profesionales.

A continuación, vienen aquellos llamados *tomadores de decisiones rápidas*. Es importante saber que las personas exitosas suelen tomar decisiones de una forma muy rápida, siempre siguiendo sus instintos. El instinto se da a partir de las experiencias y el propio criterio, pero para llegar a eso debes rodearte de personas exitosas. Verás que la recompensa será enorme.

También están los *aprendices*. Ellos se esfuerzan en mejorar y aprender de todo cuanto les rodea. Estar cerca de personas con esa avidez de conocimientos y experiencias será sumamente positivo para ti.

Luego, vienen las *personas con actitud positiva*. Si bien todos los grupos de personas que nombramos tienen que mantener una actitud positiva en la vida, podemos hablar de aquellas personas que te inspiran, que impulsen tu creatividad y te ayuden a alcanzar tus metas.

Por último, está la *gente inquisitiva*; es decir, la gente curiosa, la gente que cuestiona y que no se queda con la primera impresión de las cosas... Como personas de éxito en las finanzas y en nuestros proyectos, debemos preguntarnos todo el tiempo sobre todo cuanto nos rodea. Recuerda que nuestras creencias negativas nos quitan energía y tenemos que cuestionar aquellos aspectos de nuestra vida que no nos hagan sentir cómodos.

Rodearnos de las personas adecuadas nos brinda confianza y seguridad en nosotros mismos, además de ayudarnos a alcanzar nuestros objetivos de una forma mucho más sencilla. Nuestras relaciones tienen que ser personas con una visión positiva de la vida; personas que nos sumen. Tú eres el *promedio* de esas cinco personas más cercanas.

Si lo que buscas es éxito financiero, entonces debes rodearte de gente que sea exitosa en ese aspecto. Por otro lado, puede ser que estés enfocado en hacer crecer tu negocio. Entonces, debes rodearte de personas que sean exitosas en sus proyectos.

Si tu objetivo central es el de mejorar la relación con tu pareja, una buena opción es que pases tu tiempo con parejas que tienen relaciones muy buenas. En todos los grupos de amigos suele haber una pareja que lleva muchos años y parece estar siempre bien. Pregúntales cuál es su secreto.

Sea cual sea tu meta, lo importante es que sepas que *tú eres responsable de tus pensamientos y tus acciones*, pero eso no significa que debas afrontar el camino tú solo. Rodéate de gente que te sume; gente que pueda aportar su visión y que sea una inspiración para ti.

Haz un ejercicio: mira a tu alrededor y a la gente con la que interactúas día a día. ¿Ves identificados en ellos a los tipos de personas que mencioné? Si la respuesta es no, quizá va siendo hora de repensar tus relaciones. Como dijimos antes, las relaciones nos marcan. Si estamos pasando un momento de angustia o de desdicha, necesitamos a alguien que nos apoye y nos brinde mensajes positivos. Si estamos pasando por un momento de bienestar o de realización personal, necesitamos a alguien que nos anime a continuar por ese camino.

Recuérdalo: la decisión está en ti. Tú eres el promedio de las personas con quien pasas el tiempo. Si te rodeas de personas oscuras, ellas proyectarán su sombra en ti. Si te rodeas de personas luminosas, brillarás.

Analiza tus relaciones: ¿qué necesitas mejorar? Ponte en acción inmediatamente.

Tener armonía en nuestras relaciones es una bendición y una de las riquezas de la vida. Cuando tengas dudas, lee estos 4 puntos de la ley del espejo. Dicen que es la regla mágica para solucionar nuestros problemas con los demás:

1. *Primera ley del espejo*. Todo lo que me molesta, irrita, enoja o quiera cambiar del otro, lo tengo dentro de mí.
2. *Segunda ley del espejo*. Todo lo que el otro me critica, combate o juzga, si me

molesta o hiere, es que es algo que aún no tengo resuelto, es un asunto pendiente que me toca trabajarlo.

3. *Tercera ley del espejo.* Todo lo que el otro me critica, juzga o quiere cambiar de mí, pero sin logar que me afecte, es su carencia proyectada en mí.
4. *Cuarta ley del espejo.* Todo lo que me gusta del otro, lo que amo en él, también está dentro de mí y lo aprecio en los demás, reconozco mis cualidades en otros.

Analiza bien tu comportamiento con los demás. Analiza tu actitud. Piensa en las personas que te molestan y pregúntate por qué te sientes así respecto a ellas. Envíales amor.

Yo he logrado sanar muchas relaciones, simplemente mandándoles amor (mentalmente) a esas personas. Tienes que hacerlo por varios días. Te aseguro que esto da resultado.

EJERCICIO DE REFLEXIÓN

Piensa en quién quieres ser y cómo te quieres sentir. Luego, pregúntate todo esto acerca de las personas cercanas a ti:

1. ¿Te ayudan a elevarte en todo sentido?
2. ¿Son soñadores y trabajan para estar constantemente mejorando?
3. ¿Te hacen una mejor persona?
4. ¿Son creadores y no se la pasan quejándose y hablando de los demás?
5. ¿Le dan luz a tu vida y al mundo? ¿Puedes aprender y crecer con ellos?
6. ¿Se rehúsan a conformarse y quedarse donde están?
7. ¿Están allí cuando los necesitas?
8. ¿Tienen una vida en balance?
9. ¿Están constantemente cuidándose física, mental y emocionalmente?

Si contestaste que *sí* a la mayoría de las preguntas, estás bien. Siempre pon atención a las relaciones de tu vida, procura que te aporten y no te quiten. Eso hará que tu vida sea más rica en todo sentido.

Capítulo 6 - Relaciones: ¿te dan vida o te la consumen?

CAPÍTULO 7
EDUCACIÓN: NUNCA DEJES DE CRECER

Mi vida empezó a cambiar realmente cuando me interesé por seguir estudiando. Como les comenté anteriormente, la escuela no me gustaba y no me interesaba. La universidad fue igual. Mis notas siempre fueron promedio, porque solo estudiaba para pasar. Hasta ese momento, me sentía mal conmigo misma, porque pensaba que no era algo bueno ni esperado que no me gustara la escuela.

Pero ahora lo veo diferente. ¿Cómo me iba a gustar hacer o estudiar algo que realmente no me interesaba? Fui responsable porque logré graduarme y cumplir, pero no me emocionaba mi futuro. Estas experiencias nos pueden hacer sentir incapaces.

Cuando hablo de educación, hablo de cualquier cosa que te dé conocimiento: libros, cursos, clases, una nueva carrera... Pero, cuando comencé a estudiar en el Instituto de Nutrición Integrativa, las cosas cambiaron. Como les conté, yo me devoraba las clases, leía todos los PDF y hacía las tareas con felicidad. Todo eso me encantaba, de modo que podía visualizar mi futuro con lo que estaba estudiando, ¡y eso me emocionaba aún más!

Lo mismo me sucedió con mi formación en relación con el crecimiento personal. Podía pasar tres o cuatro horas al día leyendo, escuchando audios o viendo documentales sobre el tema. Era una fascinación. Mi comportamiento era completamente diferente a cuando estaba estudiando en la escuela y en la universidad.

Además, era más madura, por lo que estudiar tenía otro propósito. Toda esta información me estaba cambiando y no me daba cuenta. Toda esta información estaba reprogramando mi mente. Mis pensamientos ahora tenían dirección. No andaban en piloto automático o vagando en la crítica y la comparación. La educación me permitió soñar, me permitió ver mi futuro con otros ojos. Poco a poco, la persona que era cuando comencé mis estudios fue desapareciendo y me fui convirtiendo en otra. Es impresionante el poder de la repetición. Fue la repetición de nuevas ideas, cosas que nunca había escuchado o leído en mi vida, las que estaban cambiándome desde adentro. Entendí que el hecho de no poder hacer algo en algún momento no significaba que *nunca* podría hacerlo. Si yo decido que quiero aprender sobre algo nuevo, simplemente estudio, lo practico y veré los resultados.

Hay personas que no vuelven a agarrar un libro después de la escuela o la universidad. Se quedan con un conocimiento limitado y aprenden banalidades. Se informan en las redes sociales, que muchas veces difunden engaños, y en las noticias, sin dejar espacio para información nueva que les pueda cambiar el futuro.

Eso sí... hay una gran diferencia entre tener toda la información posible y aplicar esta información. Hay personas que son enciclopedias de conocimientos, pero sus resultados no dicen mucho. Eso no sirve. Si vas a entrar a estudiar algo, que sea porque lo vas a aplicar.

Te hablo de este tema porque fue la educación la que me permitió hacer todos los cambios en mi vida, la que me llevó a creer en mí y en mi potencial, e incluso a escribir este libro. Si yo no hubiera seguido estudiando, habría pensado que no servía para nada, que no nací para tener éxito, que no estaba predestinada a tener un futuro que me llenara, que no podría criar mejor a mis hijos... ¡me habría quedado viviendo frustrada!

Viendo hacia atrás, me da escalofríos pensar qué habría pasado si no hubiera vuelto a estudiar. Realmente doy gracias a Dios todos los días por el hecho de que mi vida es diferente. Si te sientes como yo me sentía, con ese vacío, con ganas de superarte y ser tu mejor versión, te recomiendo que empieces a invertir en ti. *Tú eres la mejor inversión que puede haber, porque nadie te puede dar lo que buscas más que tú mismo.* Entra en un viaje de transformación. Date un año de estudio o más, empieza por las cosas que te interesan y las cosas que te llaman la atención, a pesar de que no tengas conocimiento ni experiencia. Pero también invierte en tu desarrollo personal; debes conocerte, ver que tienes un potencial infinito y que estás aquí para expresarte de mejor y mayor manera.

Estamos aquí para transformarnos constantemente. Puede ser que, en su momento, te haya gustado tu carrera, pero ahora ya no te llene. Eso no tiene nada de malo. Yo recuerdo que, cuando iba a cerrar la tienda de maquillaje, la gente me decía: "Pero ¡¿cómo lo vas a cerrar?! Es un negocio bonito para una mujer", o "Ya llevas más de diez años, ¿lo vas a dejar ahora?". No podemos apegarnos al pasado, tenemos que estar dispuestos a dejar ir las cosas para obtener algo nuevo.

Yo pude haber sentido culpa porque mi papá había invertido en el negocio para que yo lo tuviera. Pero no lo vi con esos ojos, lo vi con agradecimiento y como parte de una experiencia de vida que iba a quedar conmigo para siempre. Pero era el momento de seguir adelante, de iniciar algo nuevo. Esta manera de pensar llegó cuando comencé a estudiar, mientras todavía gestionaba la tienda. Las decisiones que tomé fueron a raíz de que mi mirada estaba puesta en otro futuro y en otra versión de mí.

Muchas veces, no tomamos esas decisiones fuertes, porque no sabemos qué vamos a hacer. Es más fácil tomar decisiones cuando hay algo dentro de ti que te está empujando en otra dirección. Para poder llegar a conectarte con esa guía interna, tienes que estudiarte a ti. Por eso, te digo que te tomes un año de autoconocimiento y de aprendizaje.

¿Qué quiero? ¿Qué me llena? ¿Qué llenaría mis días de emoción y felicidad? ¿Qué es lo que no me hace feliz? ¿Qué quiero vivir y experimentar en esta vida? ¿Qué me llama la atención? ¿Qué pienso que no es posible para mí en estos momentos? ¿Qué puedo hacer hoy para moverme en la dirección que me lleva a aquello que me llena?

Estas son las preguntas que te harán pensar y que le pondrán un freno al pensamiento en piloto automático. Pero no leas las preguntas simplemente, ¡háztelas! Es tu vida, es tu futuro. Tienes que ser el protagonista de tu propia película, no un extra en ella que mira cómo viven los demás. Si te la pasas en las redes sociales viendo a ciertas personas, diciéndote: "¡Qué bonita debe ser su vida!" o "Me gusta la vida que ellos llevan; quisiera que la mía fuese así"... es momento de cambiar.

¡Es horrible ver que solo los demás viven sus vidas, mientras tú simplemente la dejas pasar! Tú puedes tener la vida que quieres. Tú la puedes crear.

Acepta, también, la idea de que el estudio es para siempre. Es algo que tiene que ser parte de tu vida. Si quieres ser mejor y estar constantemente creciendo, tienes que estar aprendiendo siempre. No te puedes quedar atrás, cada año hay nuevos descubrimientos y nueva información, y tenemos que estar al día si queremos ser exitosos. El cambio es inevitable; siempre va a haber cambios, pero que estés preparado para enfrentar cualquier cambio que surja depende mucho de tu nivel de pensamiento.

Los pensamientos que sostienes por más tiempo son los que empiezan a tomar forma en tu mundo exterior. Tus pensamientos van a cambiar cuando tu interés cambie, cuando empieces a dejarte absorber por información nueva, información que te cause emoción. Es más fácil controlar tus pensamientos cuando tienes algo que anhelas profundamente.

Se dice que, para ver si estamos en la dirección correcta, tenemos que fijarnos en dos cosas: en primer lugar, nuestros gastos (en qué estamos gastando el dinero) y, en segundo lugar, nuestra agenda (cómo pasamos nuestro tiempo). Estas dos cosas determinarán la dirección de tu vida y pueden darte una pista de cuál es el nivel de compromiso con nuestras decisiones. Si inviertes tu dinero en tu crecimiento y educación, tu vida va a cambiar para mejor. Si ves tu agenda, puedes ver cómo estás pasando tus días y tu tiempo, porque el tiempo también es una inversión y tus pasos dictan la dirección en la que vas. ¿Lo estás invirtiendo sabiamente? ¿O pierdes mucho tiempo con trivialidades?

¿Qué cursos has hecho últimamente? Los cursos y programas te ayudan a mantenerte al día. Si prefieres estudiar solo, los libros pueden ofrecerte una educación completa. Por ejemplo, yo tuve un cliente que no tenía tiempo de nada. Todos los días, llegaba a las cinco o seis de la tarde a su casa. Cenaba y se ponía a ver televisión. Cuando entró en mi *coaching*, le dije que empezara a sustituir la televisión por cursos que le interesaran. Me dijo que siempre le había interesado la fotografía. Le dije que era perfecto, porque podía usar el fin de semana para practicar fotografía. Se enamoró de la idea y empezó a tomar esa dirección. Al poco tiempo, lo estaban contratando los sábados para tomar fotografías en eventos. Se dio cuenta de que hacía bastante dinero y de que podía dejar su trabajo (que odiaba) y dedicarse a su nueva pasión a tiempo completo. Dejó su trabajo, empezó a ahorrar dinero y se fue a realizar cursos de fotografía más avanzados fuera del país. Ahora es muy exitoso y está muy contento. Ese es el poder de la educación. Con un poco de *coaching*, sustituyendo la televisión por cursos de tu interés, puedes cambiar la dirección de tu vida.

EJERCICIOS

Hazte las siguientes preguntas:

1. ¿Qué quiero?
2. ¿Qué me llena?
3. ¿Qué llenaría mis días de emoción y felicidad?
4. ¿Qué es lo que no me hace feliz?
5. ¿Qué quiero vivir y experimentar en esta vida? ¿Qué me llama la atención?

Ahora, quiero que hagas una lista de cosas que te interesan. Elige cuál te interesa más de esa lista y comienza a hacer un curso o programa al respecto. Pruébalo, para ver dónde te lleva. Si no es lo que esperabas, prueba otra cosa de la lista.

Capítulo 7 - Educación: nunca dejes de crecer

CAPÍTULO 8
CREATIVIDAD: QUE LA IMAGINACIÓN POTENCIE TU VIDA

Cuando escuchamos la palabra "creatividad", solemos pensar en el arte. Asociamos este concepto a los músicos, los actores o los pintores. Sin embargo, es importante que sepas que todos somos seres potencialmente creativos. No hay gente más o menos creativa: todos tenemos ese poder en nuestro interior. Lo importante es qué hacemos con él.

Generalmente, somos nosotros mismos quienes nos ponemos ese freno que nos impide crecer. Decir: "¡No soy creativo!" es una afirmación negativa que nos bloquea y nos paraliza. Durante mucho tiempo, yo me decía esa frase a mí misma una y otra vez, hasta que, finalmente, pude darme cuenta de que estaba equivocada. ¡La creatividad no solo tiene que ver con el arte! Tiene que ver con poder expresar los dones que tenemos, esos dones que nos hacen únicos y que son marcas distintivas en nuestras vidas. Pero, para llegar a ese punto, tenemos que comenzar ejercitando una de las facultades mentales superiores que nos ha dado Dios: la imaginación.

Si todavía tienes dudas acerca de tu propia creatividad, piensa esto por un momento: cada aspecto de tu vida ha sido creado por ti. Desde tu trabajo, pasando por tus relaciones sociales y tu familia, cada cosa que te rodea y que ha nacido desde tus acciones ha sido trazada por tu propia creatividad. Es por eso que los seres humanos somos seres creativos por naturaleza, capaces de convertir lo abstracto en concreto. Si nos imaginamos nuestra vida como un enorme lienzo blanco, podríamos decir que somos pintores y que cada trazo que pintamos es un movimiento que nos acerca un poco más a donde queremos estar. Cada pensamiento que tenemos es un paso más para llegar a nuestra meta.

Es cierto que, cuando somos adultos, cuesta mucho poner en práctica esa imaginación. Explotamos mucho más nuestra imaginación cuando somos pequeños. De niños, nada nos parece imposible. Nuestra cabeza puede crear un universo de fantasía y nosotros somos perfectamente capaces de movernos en él. Un niño de tres o cuatro años aceptará alegremente la idea de un barco pirata en el jardín trasero de casa, pero cuando somos adultos, nos cuesta poner en funcionamiento esta habilidad para llevar adelante proyectos que nos hagan felices. A medida que vamos creciendo, la imaginación se ve cada vez más aplacada por la rutina, el trabajo y las relaciones que no nos hacen bien.

Es lógico que, si vamos a una oficina ocho o nueve horas por día, apenas tengamos un rato para desconectarnos al llegar a casa y estar con nuestra familia. Cenamos, vemos un poco de televisión y nos relajamos junto a nuestros seres queridos. Luego, nos vamos a dormir y al día siguiente todo comienza una vez más. Esta rutina mata a nuestra imaginación y no nos deja tiempo ni ganas de pensar en qué es lo que realmente nos hace felices.

Por eso, es importante que recordemos esos tiempos en los que éramos niños y no parecía haber muchas preocupaciones. Dedica un rato al día o a la semana para encontrarte con esas actividades que te hacen feliz; esas actividades en las que no te das cuenta que pasa el tiempo. La creatividad se despierta cuando menos la forzamos, cuando estamos enfocados en algo que nos motiva y que disfrutamos. Puede ser cocinar, escribir, hacer deporte o simplemente relajarse. Las mejores ideas vienen de esos momentos de creatividad.

Debemos tomarnos un respiro para mirar a nuestro alrededor. Es posible que estemos cómodos con nuestro trabajo o con nuestras relaciones, pero la comodidad no implica necesariamente que estemos felices. Quizá haya llegado la hora de plantearse un cambio. ¡Anímate!

Puede parecer difícil en un principio, pero te aseguro que te sentirás mucho mejor contigo mismo cuando lo logres. Albert Einstein decía que "en tiempos de crisis, la imaginación está por encima del conocimiento". Usa estos elementos negativos de tu vida como una oportunidad para transformarte a ti mismo.

Por esto, debemos ser conscientes de que tenemos que superar ese bloqueo para encontrar el balance en nuestra vida. Tenemos que entender que estamos conectados al universo, que se encuentra en un constante flujo de creatividad. Si dejas salir esa energía que te da el universo, todo cambiará radicalmente.

Así, de a poco, descubrirás cada vez más que tus talentos creativos evolucionan y que puedes aplicarlos en otros aspectos de tu vida. Si decides dedicar un rato de tu día a dibujar, por ejemplo, podrás desarrollar una atención al detalle y una paciencia que luego podrás aplicar en tu trabajo; si aplicas tu creatividad a la hora de crear una receta, quizá lograrás pasar un rato valioso en familia o con tus amigos a la hora de probar tus creaciones; si decides escribir, aunque sea simplemente un diario íntimo, ¡algún día quizá incluso puedas publicar tu propio libro!

Y, aunque no sea algo a lo que le saques un provecho medible, inmediato o tangible, dedicar un tiempo a la creatividad puede servirte para desconectarte, para relajarte, como una especie de meditación. Sea como sea que lo mires, se trata de una inversión que mejorará tu vida.

Tienes que empezar a darle fuerza a tu imaginación. Cualquier caso de éxito comienza con una idea. Al principio puede no tener demasiada forma, pero con creatividad y esmero podremos, finalmente, convertirla en una acción. Esa acción pronto dará resultados.

Existen dos maneras de expresar la creatividad: a través de la *creación inconsciente* y a través de la *creación consciente*.

La *creación inconsciente* implica seguir a las masas, sin enfocarte en lo que realmente quieres hacer. Este tipo de creatividad es pasiva y se basa en la razón: lo que se supone que debemos hacer a partir de lo que la gente espera de nosotros. A veces, algunos padres esperan que sus niños hagan la misma carrera que ellos y estos, al crecer, siguen su camino a pesar de que no es realmente lo que quieren. Esta situación es muy común. Sin embargo, ¡nunca es demasiado tarde para estudiar una nueva carrera!

Como les he contado, cuando era pequeña escribí una novela en la escuela, y mi profesor llamó a mi mamá y le dijo que, a pesar de que escribía bien, el contenido no era adecuado. Esas palabras me afectaron profundamente y me sentí tan avergonzada que no volví a escribir durante mucho tiempo. Esto es solo un ejemplo de cómo una idea externa o una frase dicha por otra persona puede limitarnos a tal punto que detiene nuestro potencial creativo. Esto no acaba en la niñez. Cuando crecemos, nuestros jefes, pares y familiares esperan de nosotros una serie de comportamientos, actitudes y decisiones. Todos estos escenarios restringen las posibilidades de hacer lo que realmente nos gusta, ya que terminamos ocupando nuestro tiempo en actividades que la gente espera de nosotros pero que a nosotros en realidad no nos produce bienestar. No hagas lo que hace el resto: marca la diferencia. Sandy Gallagher, CEO y cofundadora del Proctor Gallagher Institute, asegura que "la persona que sigue a la multitud no llegará más lejos que la multitud".

Es aquí donde entra en juego la *creación consciente*: aquella que nos permite cuestionar lo que nos rodea, preguntarnos si somos felices con nuestra vida y hacer algo en función de conseguir un cambio. Para ello tenemos que hacer uso de nuestra imaginación y enfocarnos en lo que queremos. Si hay algo que no nos llena, no debemos quedarnos simplemente con la queja, sino que hay que trabajar en pos de lograr ese cambio. Esto involucra estudiar, formarnos, explorar y tener un objetivo claro. Antes de llegar a nuestra meta, que tarde o temprano alcanzaremos, el propio proceso de creatividad le dará un sentido a nuestra vida.

Usar nuestra creatividad es algo que nos nutre emocionalmente. ¿Te has fijado en esas personas que crean un negocio o una idea y le dicen su "bebé"? "¡Este es mi bebé!". Lo dicen así porque es algo que tuvieron en su mente por mucho tiempo; le dieron amor, atención, le dedicaron tiempo y luego lograron realizarlo. Le dicen "su bebé" porque es algo que les da orgullo. Yo tengo varios "bebés": uno es *Radiante sin Azúcar*, un programa de ocho semanas para eliminar la dependencia al azúcar, que ha sido un éxito y ha cambiado la vida de miles de personas. Otro de mis bebés es mi grupo de *coaching* de crecimiento personal. Es un programa en el que cuido mucho a mis clientes. Me gusta saber que están llevando a cabo el proceso de transformación. Me reconforta el hecho de poder llevarlos de la mano por el proceso que yo pasé.

Detén un segundo el tiempo y mira a tu alrededor. Ponte a pensar qué quisieras crear. ¿Qué ideas tienes en la cabeza que a veces te parecen locas, pero te gustaría ejecutar? ¿Qué es lo que te hace feliz? ¿Qué proyecto llevas postergando durante años por falta de tiempo o simplemente por miedo? Si quieres hacer algo con muchas ganas, es porque hay algo en tu interior que está buscando crecer. ¡Déjalo salir! Cuando estas ideas entran en tu mente, puedes dejarlas morir o puedes mantenerlas vivas. Para mantenerlas vivas, para ejecutarlas, tenemos que dejar atrás los miedos y volcar la energía sobre ellas.

Esto, sin embargo, hacer todo esto implica focalizar correctamente esa energía.

Si tenemos la cabeza puesta en las cosas negativas de nuestra vida, entonces no estaremos viendo lo realmente importante. Para poder crecer y mejorar tenemos que dejar de pensar en esos aspectos que no nos llenan y comenzar a pensar en cómo cambiarlos. Cuando estamos comprometidos con un objetivo, el universo conspira a nuestro favor.

Un ejercicio bastante práctico es visualizar un momento de éxito en nuestra vida. Pregúntate en qué estado de ánimo estabas en el momento en que llegaste a ese triunfo; cuál era tu nivel de compromiso y concentración. Puede ser un proyecto que lograste o un viaje que llevabas tiempo queriendo tomar. Seguramente caigas en la cuenta de que esos triunfos los lograste cuando realmente estabas comprometido, cuando volcaste absolutamente toda tu creatividad en ello porque sabías que eso te produciría bienestar.

Como ya hemos dicho, una de las leyes básicas del universo tiene que ver con la creatividad. Tenemos que estar todo el tiempo creando para evitar desintegrarnos. Si no estamos constantemente trabajando en hacer cosas nuevas, cosas que nos llenan, que nos despiertan, entonces estamos en lo mismo... desintegrándonos. Nuestro espíritu perfecto siempre quiere expandir y expresarse de mejor y mayor manera; si no lo dejamos nos podemos deteriorar. Si lo único que hacemos es ir de casa al trabajo y del trabajo a casa, viendo a las mismas personas todos los días, sin arriesgarnos a salir de nuestra zona de confort, la vida se pasará demasiado rápido y nos daremos cuenta de que no hemos hecho nada que nos haga feliz. Si cada mañana te despiertas sin energía, desganado, sin motivaciones, puede ser un indicio de que no estás tomando el camino correcto. ¿Te suena familiar?

Por suerte, ¡nunca es demasiado tarde para perseguir tus sueños! Estás a tiempo de hacer ese cambio en tu vida. Tu corazón, tu mente y tu espíritu son sabios: hazles caso. Recuerda: tú tienes el control de tu vida. Tú decides qué hacer con ella. Tienes que atreverte a romper paradigmas y dejar ir las limitaciones del pasado. Solo están en tu mente, ¡crea una nueva imagen de lo que quieres para tu vida!

Una pregunta recurrente con respecto a la creatividad al encarar un nuevo proyecto tiene que ver con la edad. ¿La edad es importante? ¡*No*! No importa si acabas de salir de la universidad y estás pensando en armar tu propio negocio o si tienes cuarenta, cincuenta o sesenta años y estás pensando en darle un giro a tu vida. Siempre es un buen momento para comenzar o volver a comenzar. El mundo está plagado de ejemplos de personas que decidieron arriesgarse y poner toda su creatividad en un proyecto e incluso se hicieron conocidas por ello a una edad avanzada. ¿Cómo se logra esto? Visualizándote en esta nueva vida. ¡Usa la imaginación! Si te ves alcanzando el objetivo, lo harás.

Sueña en grande. Recuerda que, hace apenas un siglo, volar era algo completamente descabellado. Sin embargo, los hermanos Wright, que eran los dueños de una modesta fábrica de bicicletas, se convirtieron en los pioneros de la aviación y revolucionaron el mundo de los transportes. Antes de eso, los hermanos habían sido ridiculizados por la prensa y por toda la sociedad. Esto es un claro ejemplo de por qué no debes escuchar a las voces negativas: si tienes un deseo, ve por él.

No importa la naturaleza de ese deseo. Puede ser construir tu casa, puede ser alcanzar el trabajo deseado o incluso encontrar al amor de tu vida. Lo que nos bloquea son nuestros propios prejuicios y las historias limitantes que oímos. Eso no nos permite ir más allá, nos paraliza, nos angustia y nos aplaca, obligándonos a quedarnos en el lugar donde quizá estamos *cómodos*, pero donde ciertamente no estamos *felices*.

En mi caso, la creatividad aparece en todas las cosas pequeñas de mi día a día: en una publicación de redes sociales, en una comida, en mi rutina de ejercicio… Pero, por supuesto, también la utilizo al máximo cuando planifico la creación de un programa nuevo, un recetario, un taller o incluso escribir este libro.

Es fundamental tener la mente abierta y dar lugar a nuestras ideas, darles vida, no dejarlas morir. A menudo surgen en los momentos más inesperados, pero sea donde sea que estemos, sin importar lo que estemos haciendo, es fundamental tomar nota mental (o en tu teléfono o en una libreta de papel) para ver luego si esa idea puede tomar forma y cobrar vida. Si en el momento en el que se nos ocurrió crear el programa *Radiante sin Azúcar*, por ejemplo, yo hubiese descartado la idea rápidamente, seguramente hoy no estaría donde estoy. Todas nuestras decisiones tienen consecuencias, y la creatividad es la que nos permite crecer y continuar avanzando.

Yo podría haber dejado que mis ideas murieran en mi tienda de cosméticos, por ejemplo. Como les he comentado, si bien al principio ese negocio me producía mucha emoción, luego empezó a darme estrés, sobre todo porque no producía tanto dinero como yo había esperado. Las acciones creativas son así. Algunas cobran vida en proyectos exitosos y otras tienen un ciclo de existencia más corto, con resultados que quizá no son los esperados, pero que sin duda nos dejan aprendizajes, enseñanzas y nos mueven en otra dirección. En aquel entonces, yo tenía problemas financieros y ese trabajo ya no me motivaba. Pero si hubiera optado por asumirlo como un "fracaso" y dejar las cosas así, nunca habría llegado a donde estoy hoy.

Hoy he optado por seguir apostando a mi creatividad, por aplicarla a mis negocios y a mis proyectos, y ahora tengo libertad financiera y trabajo de algo que me gusta y me motiva, pero nada de eso habría sido posible si yo hubiese decidido que no era lo suficientemente buena como para lograr mis sueños.

En resumen, tienes que ser consciente de que eres una persona creativa por naturaleza, y debes usar la imaginación para visualizarte en aquello que te guste. Es un desafío, pero si depositas toda tu fe y haces un buen trabajo con ese proyecto en el que te comprometes, la creatividad emanará sin que te des cuenta y te motivará a seguir adelante. Los resultados productivos vendrán solos. La creatividad llena vacíos, permite que te expreses y que puedas llevar una vida que te llene de satisfacción. Recuerda que tener balance en tu vida es poder estar bien en todo sentido.

EJERCICIOS

1. Pregúntate, honestamente, si eres feliz con el nivel de creatividad que hay en tu trabajo y las actividades que haces diariamente. ¿Estás expresando tus talentos únicos todos los días?

2. Si la respuesta es "sí", identifica nuevos objetivos que quieres alcanzar, o nuevas áreas en las que podrías aplicar esa creatividad. Si la respuesta es "no", piensa en proyectos que puedan ayudarte a potenciar tu creatividad. ¿Cuál es ese deseo que has postergado durante años por falta de ganas, miedo o de tiempo?

3. Visualízate a ti mismo logrando ese objetivo. Considera todos los beneficios que te traerá y cómo cambiará tu vida cuando llegues a él.

4. Cuando pongas manos a la obra, no tengas miedo en ser creativo: déjate llevar por tu niño interior.

5. Por último, busca a diario actividades que logren despertar tu creatividad.

Capítulo 8 - Creatividad: que la imaginación potencie tu vida

CAPÍTULO 9
ACTIVIDAD FÍSICA: ¿DISFRUTAR O SUFRIR?

Después de tener diferentes conflictos con el ejercicio (porque a veces lo amo y a veces lo odio) he llegado a una conclusión obvia: el ejercicio es algo que tienes que disfrutar.

Debes disfrutar la actividad física, no solo para que sea sostenible en el tiempo o para mantenerte saludable, sino también para que realmente te llene y te satisfaga como una parte esencial de tu vida. Piensa en los minutos u horas que dedicas a ejercitarte, ¿preferirías pasar ese tiempo disfrutando o sufriendo? ¡Disfrutando, por supuesto! Por eso, creo que antes que acostumbrarse a entrenar cada vez más haciendo un esfuerzo cada vez mayor, es mejor entrenarnos para disfrutar el ejercicio, y luego, sin importar cuánto hagamos o cómo lo hagamos, nos hará felices.

El ejercicio siempre estuvo presente en mi vida, desde pequeña. Mi madre era campeona de *racquetball* a nivel centroamericano. Recuerdo haber leído periódicos que decían: "Cynthia, la señora del *racquetball*". Eran contadas las mujeres que practicaban ese deporte en mi país. Como ella se la pasaba practicando para sus torneos, desde chiquita yo me la pasada metida en el gimnasio, acompañándola. Siempre iba con una prima y nos poníamos a jugar alrededor del gimnasio, que tenía una cancha de *basketball*, piscina, *football*, máquinas eléctricas... de todo un poco. Nosotras pasábamos horas allí, disfrutando, moviéndonos de la manera en que se nos antojaba.

Mi hermano mayor siguió los pasos de mi madre y también él fue campeón de Honduras en *racquetball*. El ejercicio siempre estaba presente, pero tenía otro significado entonces. En ese tiempo, el ejercicio era movimiento. Movimiento para tu cuerpo, para mantenerlo activo, para disfrutar, para crecer, para divertirte. Recuerdo que, con mi prima, nos encantaba bailar. Yo podía pasar horas y horas con ella, inventándonos bailes. Hacíamos *shows* para las personas que llegaban a visitar a mis padres o a mis hermanos. Nunca desperdiciábamos una oportunidad para bailar y enseñar nuestros movimientos, que pasábamos horas practicando. Hasta el día de hoy, recuerdo el sentimiento de la música, el poder bailar y hacer coreografías a su ritmo. Me llenaba completamente el alma.

Luego, estuve en *ballet* por unos años. Me fascinaba. No podía faltar un día, porque me enojaba con mi madre si no me llevaba. El *ballet* me permitía participar en *shows*, y eso me llenaba de emoción: el poder vestirme con esos atuendos distintos y maquillarme de fantasía... Luego, el lugar de *ballet* cerró y no volví.

A cierta edad, nos fuimos a vivir a una casa que tenía enfrente unas canchas de *basketball* grandes. Ese se volvió mi nuevo gimnasio. Pasaba horas allí, tirando la pelota, corriendo, jugando con otras personas. Había un muchacho que cuidaba las canchas y vendía refrescos. Él nos enseñaba cómo tirar la pelota y jugar al *basketball*. Pero a mi familia también le gustaba jugar. Íbamos juntos seguido. Nunca dejé de hacer deporte: de alguna manera u otra, siempre estuve activa.

Recuerdo agarrar mi bici, irme horas, perderme con mis hermanos y primos. Regresábamos a la casa más activados que nunca, llenos de esa alimentación primaria (lo que nos nutre emocionalmente). Como les digo, era *movimiento*. Movimiento que estaba en armonía con mi cuerpo, con esa etapa de vida... Nunca vi el ejercicio como algo tedioso, algo obligado que *tenía* que hacer. El ejercicio es un movimiento natural que el cuerpo pide, que el alma pide. Es algo innato en cada uno de nosotros: nuestro cuerpo quiere moverse. Pero quiere moverse de la manera que más le guste. De adultos, podemos llegar a verlo como algo malo o aburrido. Incluso puede ser una tortura para muchos, posiblemente, porque tenemos el concepto de que hacer ejercicio es estar frente a una máquina por 30 minutos, o levantar pesas. Eso no nos llena. Tal vez eso funcione para ti; pero, para muchos, no funciona. Yo hice pesas por unos cuantos años; no me encantaba, pero lo hacía. Luego, hice el famoso "insanity" por otro par de años... que tampoco me encanta, pero lo hacía como parte de mis obligaciones para estar saludable.

¿En qué momento se vuelve algo aburrido y obligado? En el momento en que le ponemos reglas al movimiento. Si son reglas por diversión, está bien; pero si son reglas solo porque "así deberían de ser las cosas", entonces no.

No fue sino hasta que empecé a tener hijos que mi cuerpo dijo: "Basta ya con esos ejercicios que no disfrutas, ¡te estás torturando!". El movimiento es sentirnos libres, sentir el cuerpo, moverse como él quiera. No es estar como un robot haciendo lo mismo una y otra vez. Nuevamente: si esto funciona para ti, está bien. Para mí, funcionó unos años, pero ya no. Por eso te lo cuento. Porque quiero que sepas que es normal sentir frustración, es normal sentir que el ejercicio "no es lo tuyo", porque probablemente no estás haciendo algo de acuerdo a quién eres y a lo que disfrutas.

Recuerdo una vez que fuimos a Sedona, Arizona, con mi esposo. Hicimos *hiking*, senderismo. Fue uno de los viajes más bellos que he hecho. Yo estaba embarazada de mi primer hijo; tenía como 4 o 5 meses de embarazo. Te puedo decir que ese viaje fue delicioso. Recuerdo que pasábamos horas caminando, subiendo las montañas Red Rocks, viendo ese escenario espectacular, esas maravillas que ofrece este mundo. El majestuoso paisaje de rocas rojas y la vegetación siempre verde son algunas de las razones de la energía única que se siente en Sedona, y de sus efectos regenerativos e inspiradores tan tangibles. Sedona también es conocida internacionalmente por el poder edificante de sus sitios de meditación Vortex. Estos aspectos hacen que Sedona sea realmente especial. El lugar era mágico. A pesar de que yo estaba embarazada, recuerdo hacer *hiking* hasta 6 o 7 horas en un día. Era algo exagerado, pero no sentíamos cansancio y el tiempo se iba súper rápido. Estábamos libres, conectados y moviendo el cuerpo de una manera que nos llenaba por completo. Nos emocionaba cada lugar nuevo al que íbamos. Subimos a un lugar muy alto que se llamaba Devil's Bridge. Costaba llegar allí. Este es otro ejemplo de un ejercicio que yo no sentí como una tortura, que más bien me llenó de alegría, de energía y de emoción.

De adultos, se puede perder ese movimiento que el cuerpo quiere cuando empezamos con el "ejercicio". Cada quien es diferente. Lo que funciona para mí puede que no funcione para ti. A mí no me gusta estar encerrada, no me gusta medir el tiempo (lo que te quita del momento presente y evita que disfrutes). No me gusta pensar que hay reglas. Me gusta disfrutar.

No es que nunca voy a hacer una rutina: la puedo hacer y, probablemente, disfrutar, siempre que no sea algo diario. Si me pones a hacer la misma rutina una y otra vez, me voy a aburrir, va a ser una tortura. Me encantan las rutinas para muchas cosas... ¡son indispensables para tener éxito en la vida! Pero, para el ejercicio, no funcionan para mí. La única rutina que puedo tener en estos momentos es que, a cierta hora del día, es mi hora de ejercicio.

Me aburro rápido de hacer lo mismo. Ahora, me gusta ponerme metas de cosas distintas. Por ejemplo, cuando hago yoga, le digo a mi maestra que me ponga retos en cuanto a las posturas. Ponte metas, ¡eso ayuda! Si vas a correr, ponte una meta de correr una maratón o un triatlón. Eso te mantendrá motivado a seguir adelante.

Busca lo que funcione para ti, pero *nunca* digas: "El ejercicio no es lo mío", porque eso es mentira. Lo que está pasando es que no has logrado conectar tu cuerpo con el movimiento que quiere y necesita. ¡Todos somos tan diferentes! ¡No te compares! Es incluso dañino para la salud hacer algo que no te gusta, porque eso crea estrés. Haz lo que a *ti* te gusta.

Muchas veces, podemos ver personas con un "gran cuerpo", que hacen ejercicio, y podemos desear tener ese cuerpo o estar así de *fit*. Pero sé honesto contigo mismo: ¿estás dispuesto a hacer lo que ellos hacen? ¿O simplemente quieres hacer ejercicio por salud y diversión? Te prometo que si eres claro contigo mismo desde un inicio y tomas la decisión de cuál de las dos quieres ser, vas a liberar una gran carga de ti. Si te decides por lo primero, pues toma la decisión y dale toda tu energía y enfoque: ¡trabaja duro para ello! Si decides que lo vas a hacer por diversión, puedes soltar la idea y dejar de compararte con esas personas súper *fit*. Eso no es para todos, ¡no te estreses si no es para ti! Sé honesto y toma la decisión.

Pero no te sientas mal si realmente trataste y te diste cuenta de que no es para ti. Es parte de conocerse. El gimnasio fue parte de mi vida, pero llegó un punto donde ya no. Tal vez es la etapa en la que estoy. He cambiado, eso no funciona para mí. Es importante aceptar y seguir adelante, emocionado por probar cosas nuevas. Ahora, no quiero que olvidemos que hacer actividad física trae muchos beneficios. El principal, por supuesto, es que nos ayuda a estar saludables, pero también tenemos que considerar que nos ayuda a mantener la línea, nos despeja cuando estamos estresados, nos permite liberar energía y, lo más importante, nos conecta con nuestro propio cuerpo.

Sin embargo, es importante (como te mencioné) que tengas en cuenta que el ejercicio no funciona igual para todas las personas. Tal como ocurre con las dietas y la alimentación, debes pensar en lo que mejor funciona para *tu* cuerpo específicamente a la hora de elegir qué deporte hacer o en qué actividad anotarte. Lo que es bueno para ti no es necesariamente lo mejor para mí.

Muchas personas se sienten mal porque prueban un ejercicio, no les gusta y lo terminan abandonando. Vuelven a intentar otra vez y sucede lo mismo. Eventualmente, llegan a la conclusión de que no les gusta hacer ejercicio, o dicen: "El ejercicio no es para mí". Yo quiero decirte que, si te sientes identificado con esto, seguramente sea porque aún no has encontrado algo que te llene y no te has imaginado cómo cambiaría tu vida si lograras que el ejercicio fuera parte de ella. Necesitas darle otra oportunidad al ejercicio y empezar a verlo con otros ojos. Necesitas cambiar tu actitud en cuanto a la actividad física, pensar cómo puedes mover tu cuerpo de una manera que disfrutes y que te sea beneficiosa.

Primero, tienes que encontrar algo que te encante. Hoy en día, además, hay realmente un sinfín de opciones a la hora de elegir una actividad: desde las más intensas como el *crossfit* y la musculación hasta las relajantes y meditativas, como el yoga o el Pilates. Entre esos dos extremos, de todo: salir a correr, nadar, participar en un deporte de equipos, hacer ciclismo, clases de algún tipo de danza o simplemente hacer rutinas de ejercicios en tu casa, mirando videos de algún *influencer fit* en YouTube.

Esta enorme oferta de actividades no debe estresarte. Al contrario; tómalo como un divertido desafío. ¿Por qué no probar varias cosas y luego decidir qué es lo que te gusta más? Analiza qué va mejor con tu personalidad. Algunas personas prefieren entrenar solas, salir a correr con música o un podcast de fondo. Otras, más sociables, quizá prefieren ir a un gimnasio abarrotado de gente. Si eres independiente, quizá puedes inventar tu propia rutina; si prefieres que alguien te guíe, puedes trabajar codo a codo con un *personal trainer* o seguir las indicaciones de tu gurú preferido de las redes.

Hay gente a la que le resulta bien hacer ejercicio de alto impacto un par de veces por semana, y hay otras personas que prefieren realizar ejercicios menos intensos, durante un rato, todas las tardes. ¡Incluso caminar! Tu primera tarea consiste en identificar cuál es la actividad física adecuada para ti, y la clave para ello es encontrar cuáles son las actividades que más disfrutas.

Quiero que también tengas en cuenta que cada etapa de nuestra vida es diferente. Entonces, puede ser que en una etapa te guste el ejercicio intenso y en otra etapa disfrutes actividades más tranquilas, que no dejan de ser sumamente beneficiosas para nuestro cuerpo y nuestro espíritu: el yoga, las artes marciales como el tai chi o, simplemente, salir a caminar por nuestro vecindario... ¡Las posibilidades son infinitas! Solo tienes que encontrar lo que a ti te hace bien.

Y, cuando algo ya no te dé alegría, ¡sal de ahí! Si has intentado disfrutar de un deporte o actividad física específica y no hay forma de lograrlo porque no es lo tuyo, entonces prueba hacer otra cosa. Yo estuve forzando mi cuerpo a hacer ejercicio intenso después de mis tres embarazos y llegué a odiar el ejercicio por un tiempo. Mi cuerpo ya no quería ese tipo de ejercicio porque yo había cambiado. De nada sirve hacer un deporte en el que no te sientes cómodo, que te agota demasiado o que, por algún otro motivo, simplemente no te gusta.

Disfrutar de la actividad física es casi tan importante como la actividad en sí misma. No tiene sentido matarnos en el gimnasio levantando pesas o correr diez kilómetros y terminar agotados si lo que estamos haciendo no nos llena realmente. Si lo haces, lo más seguro es que te termines cansando y abandones en el camino.

No tenemos que hacer siempre la misma actividad. Cuando decidas que algo te gusta, no tienes por qué comprometerte a largo plazo: tus gustos y necesidades pueden cambiar con el tiempo. Como te comenté, para cada momento de la vida existe un ejercicio adecuado. Por ejemplo, en una etapa de mi vida me gustó el ejercicio intenso y en otra hacer pesas; luego correr y, más tarde, el boxeo. En este momento, llevo bastante tiempo practicando yoga y realmente lo estoy disfrutando.

Pero ¿por qué es tan importante que amemos lo que hacemos? ¿No debería ser lo importante el ejercicio en sí mismo? La respuesta es no. En nuestra vida adulta, nos vemos obligados a hacer cosas que no nos llenan. Si no nos gusta limpiar la casa, puede resultar un poco tedioso; sin embargo, tenemos que hacerlo porque nadie lo hará por nosotros. Lo mismo ocurre con cocinar. Hay gente a la que no le gusta. Pero no podemos pedir delivery a casa todos los días, porque la comida a domicilio es costosa y, muchas veces, poco saludable. Esas son algunas de las actividades que, aunque no nos guste, debemos hacer. Sin embargo, hay algunos aspectos de nuestra vida que tienen que salir de nuestra propia voluntad. El ejercicio es uno de ellos. La vida es muy corta para hacer cosas que no nos gustan, y ya que tienes la posibilidad de escoger qué tipo de actividad hacer, mejor disfruta de ese beneficio. Aquí es donde realmente encuentras el balance, disfrutando tus actividades diarias.

Si llevas tiempo sin hacer ejercicio, lo primero que deberías hacer es experimentar diferentes actividades hasta encontrar cuál es para ti. Busca inspiración en sitios de internet y consulta con tus amigos y familiares. Una rutina corta en YouTube puede ser una buena idea para probar: es gratuita y no implica que te anotes a un gimnasio. Desde la comodidad de la sala de tu casa, conectando el video al televisor, puedes hacer algunas rutinas de ejercicio para ver qué actividad te gusta más. ¿Qué ejercicio te llama la atención, pero piensas que no puedes hacerlo? ¡Puedes llegar a hacerlo si tú lo decides!

Si prefieres que te asesore un profesional, siempre tienes la opción de acercarte a un gimnasio local y preguntarle al entrenador qué tipo de actividades ofrecen o al club de tu vecindario para ver qué deportes hay disponibles. A muchas personas les funciona pagar a un entrenador por adelantado para comprometerse con el ejercicio e iniciar esa disciplina. Busca qué es lo que te funciona a ti.

Hoy en día podemos disfrutar de cualquier deporte sin importar nuestro género o edad. La actividad física va más allá de las complejas máquinas de un gimnasio. Puedes hacer kickboxing, yoga, zumba, hacer acrobacias... ¡hay un mundo de posibilidades!

Busca algo que te guste y, si luego te deja de gustar, busca otro tipo de ejercicio. Nadie dijo que hay una regla por la que te tienes que quedar con el mismo ejercicio para siempre. A mí me gusta el yoga porque me ha ayudado a volver a sentir mi cuerpo, a darle atención y a cuidarlo. Para cada quien la experiencia es diferente. Además, todas las edades son diferentes, así como los estados de salud y de capacidad. Una embarazada de 35 años no hará el mismo ejercicio que un muchacho de 14, un señor de 60 o una atleta de 25. He escuchado personas que disfrutan mucho el ejercicio intenso, ese que te hace sudar muchísimo. Eso, en estos momentos, realmente no me llena, y siento que es una tortura. ¿Por qué voy a hacer algo que no me gusta? El ejercicio no tiene por qué ser un tormento.

Cuando encuentres cuál es el ejercicio ideal para ti en este momento específico de tu vida, tienes que focalizarte en qué es lo que quieres lograr con esa actividad. Puedes ponerte metas y formar una imagen de lo que quieres lograr. Eso a mí me ayuda mucho a mantenerme enfocada. Es importante sentir nuestro cuerpo y moverlo como él quiere. ¡Conéctate con tu cuerpo!

¿Cuál es tu enfoque? Mi enfoque en cuanto a hacer ejercicio es mover el cuerpo y estar saludable. Mi enfoque no es el de tener un cuerpo súper *fit* o que se vea espectacular en un bikini. Eso no me llena en estos momentos; tal vez más adelante sí lo haga. Pero si a ti te llena, y te va a hacer feliz, ¡hazlo! No hemos venido a vivir la misma vida, cada uno tiene sus intereses.

Claro que todo nuevo hábito requiere disciplina. Puede ser que al principio te cueste aunque te guste la actividad. Aquí es donde debes desafiarte a no abandonarlo, al menos por tres meses. Si logras hacer ejercicio sin parar por tres meses, se va a volver un comportamiento automático.

A pesar de que el entrenamiento nos tiene que gustar, esto no quiere decir que sea sencillo o que no supondrá un desafío. Cualquier actividad física nos pondrá a prueba, ya que tenemos que esforzarnos al máximo. A veces, cuando estamos muy cansados, es común querer que termine el entrenamiento lo antes posible, sobre todo si estamos en las últimas series de una rutina particularmente difícil. Pero, si lo piensas, esto nos pasa con muchas cosas que nos gustan: puede ser nuestro trabajo, una fiesta, incluso podemos querer que ya se termine de una vez una película que estamos disfrutando. Una vez que finalizamos la rutina de ejercicios, sin embargo, nos sentimos plenos y realizados. ¿Por qué sucede esto? Porque hemos podido superar ese obstáculo, la ansiedad de finalizar con el ejercicio, y estaremos listos para el siguiente.

Lo primero para establecer una relación sana con la actividad física es programar una rutina. Decide qué momento del día vas a dedicar a hacer el ejercicio y comprométete con esa hora. Las personas que dicen: "Lo haré cuando tenga tiempo" no terminan haciendo el ejercicio. Recuerda que el ejercicio tiene que volverse una disciplina.

Intenta hacer media hora de actividad por día. El Departamento de Salud de Estados Unidos, por ejemplo, recomienda hacer entre media y una hora de actividad física de 3 a 5 veces por semana. Busca el tiempo para incorporarlo, incluso si solo puedes hacerlo los fines de semana.

Mientras estás en tu rutina de ejercicios, intenta focalizar tu cabeza en los resultados que obtendrás en el futuro, pero sin estresarte: no te olvides de disfrutar del aquí y el ahora, de conectarte con tu cuerpo y con la actividad que estás realizando. Puede ser difícil, pero tienes que apartar el trabajo, tus relaciones o el teléfono de tu cabeza, al menos por un rato. Es un tiempo que vas a disfrutar. Cuando hago ejercicios sola, sin entrenador, me pongo audífonos y pongo un audio de mis estudios. Entonces termino haciendo dos actividades a la vez.

Cuando tomes el ritmo, establece un tiempo semanal para dedicarle a la actividad física. Si lo tomas como un compromiso, pronto se volverá una rutina y terminarás por adoptarlo en tu día a día de forma casi inconsciente.

A veces tenemos días de trabajo que nos agotan. Si necesitas despejar la cabeza, lo mejor que puedes hacer es una actividad física que te guste. El simple ejercicio de salir a caminar y estar en contacto con la naturaleza puede ser poderoso para tu mente y cuerpo. Claro que, si estás deprimido, puedes comerte un cuarto de kilo de helado, pero eso solo cubrirá la punta del iceberg de un problema, y luego sufrirás un bajón de azúcar. Beber un trago en un bar puede parecer una forma de quitar el estrés, pero volvemos a lo mismo: son solo soluciones superficiales, a corto plazo. Además, al día siguiente tendrás resaca y, lo que es más importante, los efectos negativos a largo plazo del alcohol son muy poderosos.

En cambio, el ejercicio despierta un montón de componentes del cerebro, como las endorfinas, que producen un sentimiento eufórico en nuestro organismo. Esto nos hace sentir felices durante mucho tiempo. Además de producir estas hormonas, si hacemos actividad estamos reduciendo los niveles de cortisol y adrenalina, que son químicos que nos generan estrés, ansiedad y depresión. Según un estudio de la Universidad de Vermont, 20 minutos de actividad física nos da felicidad por doce horas. ¡Imagínate cómo cambiaría tu forma de ver la vida si el ejercicio se vuelve parte de tu rutina!

Tenemos que cuidar nuestra salud, que es un regalo de Dios. La salud es estar en armonía con nuestro ser. Nuestro cuerpo es nuestra casa. Vivimos en él, lo cual es el principal motivo por el que debemos cuidarlo. Además, es la imagen que proyectamos al mundo, que no es poco.

El ejercicio, como ya hemos establecido, nos brinda múltiples beneficios físicos. Estos incluyen un equilibrio en el tejido muscular, además de mantener fuerte nuestro corazón y fortalecer los huesos y músculos. Pero eso no es todo: también mantiene fuerte y sano a nuestro sistema inmunológico, evitando que nos enfermemos, y nos brinda mejor postura, mayor fuerza y mayor flexibilidad.

Sin embargo, también es importante mencionar que la actividad física nos otorga una mayor autoestima y una mejor autoimagen. Esto, por supuesto, nos ayuda a relajarnos y nos quita la ansiedad y el estrés relacionados con la socialización, incrementando el bienestar general en nuestro cuerpo y espíritu. Una persona sana es una persona fuerte y preparada para enfrentar obstáculos y ser creativa.

Todo esto puede asustarte un poco. Seguramente te estés preguntando si tienes que hacer un ejercicio duro y fatigador para alcanzar todos esos beneficios, y la respuesta es sencillamente no. No tienes que tomar el ejercicio como una tarea tediosa y obligatoria, porque entonces terminarás por odiarlo y querrás postergarlo cada vez con mayor frecuencia. Tómalo como un rato de conexión con tu propio cuerpo y no esperes ver resultados inmediatos.

Si tu objetivo es perder peso o lucir un cuerpo más *fit*, no te le demandes a tu cuerpo y a tu cabeza más de lo que puede ofrecer. Esto puede provocar estrés y un desbalance en tu vida. Algunos días podrás hacer más actividad que otros, dependiendo de tus ganas. Siempre escucha tu cuerpo.

Cuando amamos lo que hacemos, ni siquiera necesitamos de la motivación. Esta puede ayudarnos a hacer actividades que no nos gustan demasiado, pero habrá ocasiones en las que nuestra fuente de motivación esté un poco agotada por un día particularmente atareado en el trabajo o simplemente por falta de energía. Sin embargo, si hacemos lo que nos gusta, estos momentos serán fácilmente superables y no necesitaremos únicamente de la motivación. Tarde o temprano, el esfuerzo dará resultados. Cuando menos te lo esperes, te verás en el espejo y apenas te reconocerás.

¡La clave es disfrutar! Cuando disfrutamos de lo que hacemos, apenas nos fijamos en cómo pasa el tiempo. Lo pasamos tan bien que las actividades no son un fastidio, sino algo que gozamos y que no queremos que acabe.

EJERCICIOS

1. Identifica cuáles son las actividades físicas que más van contigo. Pueden ser deportes, clases en tu gimnasio o simplemente una caminata. Cuando tengas una lista, reduce las posibilidades y quédate con tres actividades.

2. Prueba cada una de estas tres actividades hasta dar con la que más disfrutes.

3. Si estás iniciando y no quieres fallar, te quiero recomendar algo que me ayudó muchísimo a mí: busca un *partner*, una pareja para hacer deporte. Tiene

que ser alguien que cumpla con estos requisitos: que ya haga ejercicio, que sea súper disciplinado y que sea alguien a quien te daría pena decirle que un día vas a fallar. Así, vas obligado las primeras semanas. Le pides a esa persona que esté pendiente; te ayudará a lograrlo.

4. Cuando lleves una semana haciendo la actividad, hazte las siguientes preguntas: ¿Me siento mejor que antes? ¿Manejo el estrés de mejor manera? ¿Esta actividad me da ansiedad o me tranquiliza? Si las respuestas son positivas, ¡sigue adelante! Si las respuestas son negativas, quizá puedas probar otra actividad de la lista que armaste al principio.

Capítulo 9 - Actividad física: ¿disfrutar o sufrir?

CAPÍTULO 10
FINANZAS: TOMA EL CONTROL

Para vivir una buena vida, en balance y armonía, es clave disfrutar de tu trabajo y ganar dinero mientras lo haces. El dinero puede ser un tema tabú para mucha gente, ¡pero no debería serlo! Es simplemente el mecanismo que tenemos para intercambiar bienes y servicios. En este último capítulo voy a hablarte acerca de la importancia de sanar y estar saludable en este aspecto.

Antes de hablar sobre cómo encontrar el balance en relación a las finanzas, es importante entender que el dinero va y viene. El dinero es un método de intercambio y, como tal, es una forma de energía. Es por ello que podemos y debemos controlarlo. Tener el control de nuestras finanzas nos va a ayudar a estar bien con nosotros mismos y con la gente que nos rodea.

En primer lugar, te voy a contar un secreto: tienes que amigarte con el dinero. Mucha gente se siente incómoda hablando de él, o siente miedo a la hora de pensar en generar ingresos. Puedes ser una persona poco apegada a lo material, pero eso no significa que no puedas llegar a una abundancia económica que te permita vivir mucho mejor. Si mantenemos una actitud saludable hacia las finanzas, recibiremos muchas recompensas.

El dinero es necesario. Obviamente, hay cosas que no puede comprar. Pero no nos engañemos: si queremos vivir ciertas experiencias, necesitamos abundancia económica. Además, si tienes problemas en este aspecto, puedes desgastar tu salud. ¡Te lo digo por experiencia! Yo lo viví con mi negocio de maquillaje. El estrés y la ansiedad que me provocaban los problemas monetarios aplacaban mi creatividad y no me permitían avanzar, incluso cuando sabía que contaba con el apoyo económico de mi familia. En otras palabras: tener preocupaciones por el dinero no tiene que ver con que acabarás viviendo en la calle; en muchos casos, son más bien presiones relacionadas con cumplir con nuestras obligaciones y compromisos, y generar riqueza de forma independiente para no estar en deuda con nadie. Por todo esto, siempre es recomendable que tengamos nuestras finanzas en orden.

Para empezar, no puedes tener una vida plena si no tienes una cantidad adecuada de dinero, que te permita experimentar las situaciones que quieres vivir, ya sea un viaje, una inversión, una casa para vivir con tu familia o cualquier otra cosa que requiera de una suma de dinero. Esa fue una de las razones por las que yo quería emprender algo nuevo cuando consideré cerrar el negocio de cosméticos. ¡Quería libertad financiera, ese era uno de los deseos más fuertes que tenía! No quería depender de mi esposo ni de mi familia. ¡Qué gratificante es tener tu propio dinero y no depender de los demás para comprar tus cosas y para invertirlo en lo que quieras!

Recuerdo pasar por el frente de las tiendas de ropa y anhelar un vestido, o pasear por el centro comercial y ver muebles para la casa o incluso paquetes turísticos en agencias de viaje... pero no podía permitirme nada de eso en ese momento. Todo tenía que dejarlo pasar. Cuando tenía problemas de dinero, en mi mente solo se figuraba una frase: "No es el momento: hay cosas más importantes por pagar". Pero entonces, ¿cuándo iba a ser el momento?

Y, aun así, el dinero no alcanzaba. Pagar los salarios a tiempo, el alquiler del negocio, los impuestos... ¡todo era un gastadero de dinero que no sabía de dónde sacar! Cuando mi mente se la pasaba ocupada en todas estas deudas, no podía pensar en otras cosas ni tener un balance en mi vida.

Estar limitado económicamente es un sentimiento feo. Estar contando el dinero, estar pensando en cómo pagar algo, en cómo ajustarte... ¡es feo! Nadie puede disfrutar esto y no puedes vivir una vida verdaderamente en balance si no tienes unas finanzas saludables. Tener libertad financiera es como quitarte una nube oscura de encima. Pero, para tener finanzas saludables, tienes que entrar en la abundancia. Y la abundancia es un estado de consciencia. Tú eliges entrar en él.

¿Cómo obtener dinero? Es probable que te hayan dicho que para ganar dinero tienes que ir a trabajar duramente todos los días de tu vida. Generalmente, nos enseñan que el ciclo vital se desarrolla en tres etapas: escuela, universidad y trabajo. Esto es mentira. El trabajo nos da un sueldo, sí, y con él podemos pagar las cuentas.

Sin embargo, el trabajo por sí mismo no nos da la abundancia financiera. Solo la incorporaremos cuando nos propongamos atraerla a través de la consciencia. Tienes que centrar tu atención en crear una afirmación poderosa y depositar tu energía ahí. Este consejo debes aplicarlo a cada aspecto de tu vida, y las finanzas no son la excepción. ¡Enfócate en crear la riqueza y ella vendrá a ti!

Hay un pequeño grupo de personas que comprende que, para llegar a la abundancia, debe enfocar su consciencia en el sentido correcto. Sin embargo, la enorme mayoría de la población pasa toda su vida esperando llegar a una riqueza a la que nunca llegará, ya que no está llevando sus pensamientos en la dirección correcta. No puedes pensar en abundancia y deuda a la misma vez. O piensas en una o piensas en la otra. Yo antes era así. Estaba tapada de deudas y creía que la única manera de pagarlas era trabajando cada vez más y más duro. Sin embargo, me di cuenta de que ese no era el camino correcto.

Yo logré llegar a la abundancia después de un proceso en el que estudié las leyes universales y enfoqué mis pensamientos en crear riqueza. Para poder llegar a tener ese balance, primero tuve que crear una imagen de cómo quería vivir, qué cosas quería tener y qué situaciones quería experimentar. Me imaginaba siendo coach, ayudando a las personas a través de mi mensaje. Luego, me puse a pensar cuánto dinero necesitaba mensualmente para vivir de esa manera. Pensé en una cantidad, sin saber cómo haría para conseguirla.

Te animo a que tú también lo intentes. Si tienes problemas económicos, si quieres conseguir riqueza, debes enfocar tus pensamientos en ese sentido. Ten en cuenta que los pensamientos son semillas que siembras. Luego, se transforman en acciones y, más tarde, vienen las recompensas. Siempre cosechamos lo que sembramos, de modo que ten por seguro que, tarde o temprano, llegará.

Piensa en cuáles son tus metas. Y con metas no me refiero a comprar un par de zapatos bonitos o salir a comer el fin de semana a un restaurante elegante. Esos pequeños placeres son importantes, pero no son objetivos centrales en tu vida ni necesitas un cambio de tu economía para llegar a ellos. Con metas me refiero a objetivos que siempre has querido alcanzar, como tener un apartamento con vistas a la playa, una casa propia en un barrio periférico, un auto de alta gama, viajar por todo el mundo...

Si hay algo que he aprendido en el mundo de la abundancia, es que no hay que pensar en cómo lo vamos a obtener, solo debemos pensar en qué cantidad necesitamos para poder hacer las cosas que nos gustan. El cómo viene después y viene como Dios quiere. Normalmente viene de la manera menos esperada, la que más disfrutamos y menos esfuerzo requiere. La mayoría de las personas no saben cómo lo van a obtener, pero lo que sí saben es que quieren más dinero. Sin embargo, tenemos que tener claridad, así que, cuando llegue el momento, ponte a pensar cómo te gustaría obtener ese dinero, porque tampoco puedes recibirlo sin dar nada a cambio.

Esto es muy importante. Si pretendemos obtener sin dar nada a cambio, estamos violando una ley natural, y entonces no funcionará. Y cuanto más des, más recibirás. Enfócate en prestar un servicio que ayude a los demás y ya verás cómo las recompensas no tardan en venir. Y no te olvides de agradecer. Ser agradecido genera abundancia.

En mi caso, descubrí que el servicio que yo quería ofrecer a la comunidad tenía que ver con la salud. Después de que varias personas me dijeran que yo tendría que estudiar algo relacionado a la nutrición, me di cuenta de que tenían razón, así que me puse en acción inmediatamente.

No pienses simplemente en la acción de dar como algo superficial. Piensa realmente en qué es lo que realmente te apasiona. Qué actividad realizas con esmero y dedicación, algo que te entusiasme. Luego, intenta pensar la forma en convertir esa actividad en algo redituable. Recuerda que tener dinero no es la única meta. También tienes que brindar ayuda a los demás.

Yo me certifiqué y empecé a calcular cómo podría llegar a esos ingresos que me había propuesto. Los cálculos que hacía me mostraban que era imposible llegar a los números que quería sin desgastarme y pasar horas y horas abocada a eso. Pero sostuve mi visión de la cantidad de dinero que quería, trabajando pocas horas, porque quería pasar tiempo con mis hijos. No perdí la esperanza, estaba viviendo con fe. Al año y medio o dos, lo logré: por primera vez, llegué a la cantidad de dinero que me había planteado. Fue muy fácil, vino de una manera inesperada y lo disfruté mucho.

Te cuento esto porque debes saber que, si nosotros mantenemos la fe y trabajamos consistentemente hacia nuestra meta, las cosas se van a dar, y se van a dar de la mejor manera. No tiene que haber sufrimiento para llegar a la libertad financiera. ¿En qué piensas la mayoría de tu tiempo? ¿Deudas o abundancia? Tus pensamientos dominantes te llevarán a tus resultados. ¡Piensa en positivo!

Incorpora a tu mentalidad la idea de riqueza y abundancia todos los días. Si piensas en que eres rico y próspero unas cuantas veces al día, ten por seguro que pronto lo serás. Con al menos el 51% de tus pensamientos que sean en abundancia y no deuda, vas a empezar a moverte en esa dirección. Un sentimiento de riqueza produce riqueza. Cuando te sientes abundante en ese sentido, estás invocando poderes dentro de ti. Pero ten en cuenta que tienes que tener la idea fija en tu cabeza. Si un día te levantas con ganas de producir dinero y te sientes repentinamente próspero, pero luego no sostienes esa creencia a lo largo del tiempo, tu subconsciente rechazará esa primera afirmación. La mente es sabia y acepta lo que sientes como una verdad.

Si no llegas a la abundancia, quizá sea porque estás siendo víctima de una serie de creencias limitantes; es decir, preconceptos que tenemos internalizados y que no nos permiten generar riqueza.

Desde que somos jóvenes, nos enseñan un montón de gráficos y cuadros para que aprendamos a gestionar o contar el dinero, pero nadie nos dice cómo ganar dinero. Una idea preestablecida es que es difícil de conseguirlo, o que hay que trabajar muy duro para obtenerlo. Esto no es cierto, pero el hecho de poseer esta creencia nos hace propensos a no conseguir la riqueza porque bloquea las oportunidades que podrían ayudarnos a ganar más dinero. Repite con entusiasmo: ¡el dinero entra en mi vida fácilmente!

Otra creencia tiene que ver con que la gente rica es deshonesta, o que ha hecho su fortuna a base de pasar por encima de personas más trabajadoras. Esto es un mito y no tiene ningún fundamento. Existe mucha gente millonaria que se ha ganado su fortuna ayudando a la gente. Estas personas pueden ser una fuente de inspiración. Además, no hay una relación directa entre la integridad de una persona y la cantidad de dinero que hay en su cuenta bancaria.

Otro mito tiene que ver con que no mereces ser rico. ¡Quítate eso de la cabeza! Todos nos merecemos la abundancia. Pero para ello necesitas adoptar la mentalidad correcta. Si tienes miedo a ser juzgado por tener dinero, quizá sea eso lo que impide que entre menos dinero en tu vida.

Deshazte de esas creencias que te restringen y no te permiten crear riqueza. Son afirmaciones negativas que limitan tu posibilidad de llegar al éxito financiero. Pensar que para conseguir dinero tienes que trabajar duramente te hace sentir inútil. Creer que todos los ricos son deshonestos te hará dudar en llegar a esa libertad financiera. ¡No le hagas caso a esos pensamientos negativos!

Es importante que sepas que los factores externos no importan. No importa en qué momento de tu vida te encuentres. Cuando se trata de ganar dinero, es irrelevante tu edad, tu formación académica o tu experiencia laboral. ¿Cuántos casos conocemos de personas súper formadas y con años de experiencia, que terminan por quebrar su empresa? Puedes tener un doctorado en la mejor universidad, pero si no enfocas tus pensamientos en la dirección correcta, no llegarás a la abundancia.

Recupera el rumbo económico de tu vida. Imagínate llegando a esa abundancia que tanto deseas. Acalla las voces limitantes que te dicen que no puedes lograrlo. Si lo piensas, si lo visualizas, no hay nada que pueda detenerte.

EJERCICIOS

1. Identifica cuáles son las ideas preestablecidas que tienes acerca del dinero. ¿Es sucio? ¿Es malo? ¿Es difícil? ¿No lo mereces?

2. Reconoce que estas son creencias y empieza a crear una afirmación positiva en cuanto al dinero. Por ejemplo, puedes decir: "El dinero es mi amigo y viene a mí fácilmente". Repite esta afirmación a diario, sintiendo que es una realidad.

3. Ahora, crea una imagen de cómo quieres vivir en un futuro cercano. ¿Qué cosas te gustaría tener? ¿A qué lugares te gustaría viajar?

4. En un papel, anota bien grande la cifra mensual que te gustaría ganar. Mira ese número y repítelo una y otra vez.

5. Piensa qué tienes para ofrecer a la comunidad. ¿Qué se te da mejor? ¿En qué eres bueno? No pierdas de vista que tienes que dar para recibir.

Visualízate a ti mismo ganando la cifra que anotaste en el cuarto ejercicio. Repite esta actividad todos los días. Ya verás cómo las ideas empiezan pronto a llegar a tu mente. ¡Actúa!

CONCLUSIÓN:
ES TIEMPO DE TOMAR ACCIÓN

Es realmente un regalo poder descubrir otros capítulos de nuestras vidas. El hecho de poder sentirnos más completos que antes sin perder nuestra esencia es algo que no tiene precio. Es momento de que hagas una pausa. Ahora que has visto que hay ciertas áreas de nuestra vida que son esenciales para mantener balance... ¿qué piensas? ¿Qué estás dispuesto a trabajar para llevar adelante el cambio?

El deseo de tener más y la disciplina me han llevado a esta transformación. La disciplina es libertad. Cuando puedes llegar a darte una orden y cumplirla, has llegado a otro nivel, que te permitirá vivir sin arrepentimientos y tomar control sobre tu vida.

¿Qué ocupa tu mente la mayor parte del tiempo? Porque lo que domina es lo que va a aparecer en tu vida. De la misma forma en que, cuando las deudas dominaban mi mente, eso es lo que aparecía en mi vida. O cuando lo único que pensaba era en qué comer y cuántas calorías, y mi vida se basaba en estar a dieta. Estos pensamientos dominantes tenían el control y no me dejaban ver otras áreas de mi vida. ¿A qué le prestas atención? Porque aquello a lo que le prestas atención es tu vida.

No podemos dejar que nuestro enfoque se posicione sobre algo negativo o algo que no nos lleve a ningún lado, porque al hacer esto dejas a un lado varias áreas de tu vida que son importantes. Pero, si empiezas a poner orden en tu mente y a fijar una dirección en la que avanzar, puedes enfocarte en mejorar un área. Si vas mejorando un área, consecuentemente querrás mejorar en otras. Así vas a ir creando el balance en tu vida.

Ten presente que un área fuera de balance puede causar desastres en otras áreas. Por ejemplo, si te sientes vacío en tu carrera, vas a querer llenar ese vacío con otras cosas, como la comida o algún vicio. Si empiezas a comer más de la cuenta o abusar de tu cuerpo, vas a ir perdiendo seguridad en ti mismo. Al perder la seguridad en ti mismo, vas a perder interés en relacionarte con otras personas... y así. Es un ciclo. Por eso, tienes que estar constantemente viendo que tus áreas estén en balance.

Quiero animarte a que mires tus fortalezas: esas áreas o cosas de ti que son naturalmente fáciles y que disfrutas hacer. ¿Cuáles son esos talentos? ¿Qué cosas han valorado de ti tus amigos cercanos o familiares en el pasado?

Tienes que usar esos talentos al máximo, "sacarles el jugo", como dicen. Muchas personas no se dan cuenta de que tienen esos talentos porque los ven normales, como si no fueran especiales, ya que para ellos son muy sencillos.

Quiero que hagas una lista de las cosas que son naturales para ti. ¿Qué es lo que disfrutas hacer? ¿Por qué cosas te han felicitado en el pasado? ¡Empieza a hacer más cosas como esas!

Existen personas que son sumamente estrictas con ellas mismas: no se dan tiempo libre, no se permiten disfrutar, no se permiten un pedazo de chocolate, no se permiten faltar un día al gimnasio... eso es agotador. ¿Cuándo vas a darte tiempo para consentirte a ti mismo? Consentirte a ti mismo es ver qué necesitas, qué te pide tu alma, qué te pide tu cuerpo, qué te pide tu mente.

Tratar de vivir en la perfección en ciertas áreas no es saludable. La perfección nos quita la armonía en nuestra vida y nos puede provocar estrés y ansiedad. ¿Para qué sirve tanta perfección, si estamos aquí para disfrutar de la vida?

La vida se trata de tener balance. ¡No podemos ser estrictos al 100% con todo! Tenemos que dejar espacio para ser flexibles, dejarnos llevar por el momento, disfrutar sin estrés y vivir de verdad. Debemos llegar al punto en el que nos riamos de nosotros mismos y de lo que nos pasa, en lugar de tomarlo todo tan en serio.

Tampoco se trata de vivir sin que nos importe nada y haciendo lo que queramos. Aquí también tiene que haber un balance, y ese balance es el que te va a sostener.

Una vez que empieces a encontrar balance en tu viaje, vas a empezar realmente a vivir.

Tenemos que encontrar tiempo para jugar, tener vida social, leer, escribir, tocar un instrumento musical, cuidar un jardín o simplemente sentarnos y mirar las nubes o las estrellas. Mi lista personal incluye meditación, tiempo libre con la familia, escritura y yoga. Tu lista puede incluir cualquier cosa que te haga feliz.

Tenemos que hacer buen uso de las horas preciosas que tenemos, que es cuando no estamos trabajando o durmiendo. ¿Qué hacemos con esas horas? Tenemos que asegurarnos de no perder ese tiempo en las redes sociales, sin consciencia del tiempo, o viendo mucha televisión. Dediquemos esas horas a algo que nos nutra de verdad.

No dejes que pase un día sin tomarte un momento para ti mismo. No estamos hablando de una gran cantidad de tiempo: puede ser una hora al día, pero te va a llenar el alma.

Para empezar a hacer cambios, tienes que crear el nuevo modelo de la persona que quieres ser, un nuevo modelo de tu vida. Enfócate en él y deja lo demás atrás.

Toma la decisión *hoy*. Hay mucha fuerza detrás de una decisión que requiere tanto compromiso. Si le dices a tu mente que te quieres enfocar en eso, tu mente te traerá mucho más.

No esperes. El momento nunca será perfecto. Empieza desde el lugar en el que estás y trabaja con lo que tienes a tu disposición. Vas a ver cómo se empiezan a dar las oportunidades para que mejores cada día.

Cambiar muchos de nuestros patrones puede tomar tiempo, pero con un mentor, un deseo y la disciplina, lo lograrás. Tratar de mantener un balance en tu vida te mantendrá enfocado en lo que quieres ver para ti, evitando que te dejes llevar por las circunstancias.

Siempre puedes estar mejor. "Mejor" es una palabra bonita y, aunque las cosas se encuentren bien, *siempre* puedes estar mejor.

¡ATRÉVETE A TRABAJAR EN TU MEJOR VERSIÓN!

Conclusión: Es tiempo de tomar acción

Para más información, visita
www.mireyanasser.com
o escríbenos a
info@mireyanasser.com

Mireya Nasser actualmente trabaja con individuos y empresas ayudándoles a transformar los resultados de sus vidas por medio de sus programas.

¿QUIERES TRANSFORMAR TU VIDA Y LOGRAR EL BIENESTAR?

¿Te ha gustado este libro? ¿Quieres avanzar en el camino del crecimiento personal?

Thinking into Results (Pensando hacia tus Resultados)

Un proceso para lograr una transformación personal radical. Este fue uno de los programas de crecimiento personal que me ayudaron a creer en mí misma, darme cuenta del potencial que tenía y empezar a cambiar los resultados en mi vida.

Después de mi transformación, decidí empezar a enseñar este material. Es un sistema con más de 50 años de investigación intensiva en la ciencia y la mecánica del desarrollo personal, y nos cuenta qué es lo que hace a las personas exitosas.

Es uno de los procesos más efectivos para conseguir resultados rápidamente y de forma permanente. Transforma tus deseos y metas en una realidad.

Thinking into Results está diseñado para impactar positivamente y profundamente cualquier área de tu vida, como:

- Pagar tus deudas

- Mejorar tu matrimonio
- Bajar de peso
- Conseguir un ascenso en el trabajo
- Mejorar tu salud
- Conseguir una nueva casa o un automóvil
- ¡Lograr cualquier otra meta que te propongas!

¿Por qué es tan efectivo?

Son lecciones a fondo que se enfocan intensivamente en un elemento esencial para el proceso de logros. Puedes experimentar un salto cuántico en tus resultados desde que lo inicias.

Incluye ejercicios prácticos y actividades que te retan a aplicar inmediatamente lo que estás aprendiendo. Así, podrás verte cambiando, progresando y moviéndote hacia tus metas. A través de esta repetición, vas a formar hábitos que te llevarán a la prosperidad y a la abundancia de manera fácil.

Los videos te ayudarán a expandir tu consciencia, te darán todo el conocimiento que necesitas y te motivarán increíblemente.

Entrarás en mi grupo y comunidad, donde tendremos sesiones de *coaching* juntos.

Vas a poseer permanentemente el poder para lograr lo que quieras en tu vida, en cualquier área.

Made in the USA
Columbia, SC
27 January 2023